才能の見つけ方、育て方

大好きなことをやって生きよう!

ポケット版

本田 健
Ken Honda

フォレスト出版

はじめに——「ポケット版」刊行によせて

この本を手にとってくださって、ありがとうございます。あなたとこうやって本を通じてお話しできることをうれしく思います。

この本は、2013年1月に刊行し、12万部を突破した単行本『大好きなことをやって生きよう！』を、読者の皆さんからの要望に応えて、加筆やワークなどを新たに盛り込んで、ポケット版としてまとめたものです。

「大好きなことをやって生きよう！」というタイトルの本を手にとってくださったあなたは、今、大好きなことをやって生きているでしょうか。

それとも、これから好きなことをやりたいと思っているのでしょうか。

いずれにしても、この本を読んでいただくと、もっと好きなことがやりたくなると思います。

本来、人は自分の大好きなことをやるのに、努力はいりません。

もし、あなたが好きなことをやろうとするときに、努力が必要だったり、気分が重かったりするとしたら、それは、まわりに遠慮して生きているせいです。

ふだん何をやっているにしても、本当はあなたがやりたいことではなく、社会的にやらなければいけないことをやっている可能性があります。

それは、勉強かもしれませんし、家事、研究、仕事、介護、ボランティア活動などかもしれません。

いずれにしても、気の進まないことをやめて、本当に好きなことをやるタイミングがきました。

誰の許可もいりません。あなたが、自分に許可を出せばいいのです。

本当にやりたいことをぜひ今日からやってください。

「そう言われても、いきなりはできません」という人も多いでしょう。

それは、私たちがやるべきことをやりすぎて、「楽しいことをやってはいけない」という思い込みで長いこと生きてしまっているからです。

なかには、「やりたいことがわかりません。大好きなことをどうやって見つけたらいいですか？」という人もいるでしょう。

そもそも、なぜ、あなたは自分の大好きなことがわからなくなったのでしょう。

4、5歳ぐらいの子どもは、自分のやりたいことが何かを知っています。

朝起きたら、もうフルスピードで、自分が楽しいと思うことをやっています。

それが、小学校に行くぐらいから、だんだんやらなければいけないことが出てきて、人生が重くなっていきます。

そういう学校生活を10年送った高校生にもなると、もう自分が誰かわからなくなって、何にワクワクするのかも、忘れてしまっています。

楽しいのも、休憩時間か、部活か、友だちとのおしゃべりぐらいかもしれません。

そういう感じで大人になると、ある種の記憶喪失の状態になります。

自分が何のために生まれてきたのか、何をやりたいのか、これからどう生きたいのかが、さっぱりわからなくなってしまっています。

この本は、あなたの失われた記憶を取り戻すサポートを目的として書きました。あなたが、ワクワクすることを思い出し、少しずつ試し、恐々ながら、自分らしい人生への一歩を踏み出すサポートです。

これまでに私は、個人的にだけでも数千人、メールをもらったり、感想をもらっている数万人の人たちの人生に関わってきました。

本を読んでくれた数百万人の人たちの人生にも、間接的ながら影響を与えてきたと思います。

彼らの多くが、「自分らしさを思い出しました」「本当にやりたいことをやっていこうと決めました」「怖いけど、自分の好きなことを探し始めます」といった感想をくれています。

人生にはいろんな生き方がありますが、大きく分けて二つあります。

「やらなければいけないことを中心に生きる」のと、「好きなことをやって生きる」の二種類です。

多くの人は、「才能がないと、自分の好きなことをやって生きられない」と思っていますが、そういうわけではありません。

この二種類の生き方は、ただ種類が違うだけなのです。

「生活のためにやっていること」から「本当にやりたいこと」へのシフトは、しばらく時間がかかります。

でも、誰にでもそれは可能だし、ちょっと意識すれば、そちらのほうにいくことができるのです。

この本は、あなたを過去に、そして、未来につれて行きます。

過去。何が好きだったかを知っていたあなたのところへ。

その過去には、たくさんのワクワクがあったはず。心が満たされて、ドキドキして、楽しくて、仲間に囲まれて楽しんでいるあなた。

ごく小さい頃に、それを体験しているはずです。それが何かを思い出す旅に出ましょう。

そして、未来。大好きなことをやっている幸せなあなたのところへ。

その未来では、あなたが本当にやりたいことを中心に毎日ワクワクして生きています。大好きな人たちと一緒に、楽しいプロジェクトをやっています。

お金も必要なだけあって、やりたいことはなんでもできる余裕があります。

今よりももっと才能にあふれていて、輝いているあなたがそこにはいます。

その後、現在に戻ってきます。

これから、さっきの未来に進むために、今何をやればいいのか、どういう感性で毎日生きればいいのかをはっきりさせましょう。


今のあなたには、何の問題もありません。今の生活スタイルをまったく変えなくてもいいのです。

でも、ちょっと変えてみたいなと思うなら、変えたいところから変えてみましょう。髪型、服装、部屋の模様替えでもいいのです。

より自分が好きなこと、楽しいこと、ワクワクすることを生活の中に取り入れていきましょう。

あなたがひとつワクワクすることをやると、ひとつ楽しくないことが毎日の生活から減ります。そうやって、ひとつずつ、好きなこととそうでないことを入れ替えていってください。数カ月もたつと、これまで感じなかったようなパワフルなエネルギーを自分の内側に感じると思います。

いずれにしても、この本を読んだ後、なんか楽しい気分になってくると思います。ここから、あなたの人生は、静かですが、確実に変わっていきます。

あなたが、なんとなく気になっていることを始めてみましょう。

自分がやりたいと思っていたこと。それは、お花のアレンジかもしれませんし、デザイン、料理、歌などかもしれません。

いきなりそれがすぐに職業になるわけではありませんが、あなたのエネルギーをアップさせていくことに役立ちます。

パワフルになったあなたは、次に、もっと何か別のことをやりたくなることでしょう。

それは、もう少しお金がかかったり、リスクがあることです。

海外旅行に行ってみる。半年間のアロマのコースを受講する。セラピストの資格を取る。独立する準備をする。結婚に向けてパートナーと真剣に話し合う。

そういったことが、次のステージにあなたを誘います。

これからあなたの目の前にある道は、すべてがワクワクして楽しいものになります。もちろん、なかには、他の人から見たら、苦労しているような状態もやってくるでしょう。

でも、本当にやりたいことをやっている人にとっては、苦労に見えることも、実は別の種類の喜びだったりするのです。

自分のすばらしい未来を信じて、進んでください。

今、大好きなことが何かわからなくても、大丈夫です。

これから進む道で、あなたは、自分の才能、すばらしさ、お金、友人、応援してくれる人などを手に入れるのです。

そのワクワクするような体験を楽しむといいのです。

それが、人生のおもしろさ、すばらしさです。

ではこれから、まだあなたが会ったことのない素敵なあなたに、会いに行きましょう。

本田　健

目次

大好きなことをやって生きよう！ ポケット版

第1章

大好きなことをやって生きよう！

第2章 なぜ大好きなことをやると、人生が劇的によくなるのか?

第3章

大好きなことはどうやって見つけるのか？

第4章

大好きなことへの移行期をどう乗り切るか？

第5章

お金と大好きなことを両立させる生き方

装幀◎河南祐介（FANTAGRAPH）
本文＆図版デザイン◎二神さやか
ＤＴＰ◎株式会社キャップス

第1章

大好きなことを
やって生きよう！

朝の迎え方でわかる、あなたの今

あなたは今、日常的に自分の好きなことをやっていますか？

もし、そうでないなら、毎日何をやっているのでしょう。


生活のための仕事、家事、それとも、勉強に追われている……。

毎日をあまり楽しめていなかったとしたら、今日があなたの転機になるでしょう。


今やっていることをいきなりやめろというわけではありません。ですが、もっと今の生活を楽しいものにすることはできます。

また、将来、自分が楽しいと心から思える時間を増やすこともできるでしょう。

この本は、あなたの人生で最も大切なことについて扱います。

それは、「1日をどう過ごすのか？」というシンプル、かつ深いテーマです。

人生もつまるところ、1日の積み重ねです。

あなたの1日が楽しさとワクワク、感謝に満ちていたら、人生はすばらしいものになることでしょう。逆に、あなたの1日がイライラ、不満、退屈でいっぱいになっていたら、人生もみじめなものになります。

「大好きなことをやって生きる」というのが本書のテーマですが、「はじめに」でもお話ししたように、それは、お金持ちにならなくても、天才でなくても、死ぬほど努力しなくても、実現できる生き方です。

本書では、「大好きなことをもっと日常生活に取り入れる」ことを提案します。なぜなら、それは、あなたの毎日を充実させるだけでなく、あなたの健康にも、家族にも、まわりにとっても、幸せにつながることだからです。

大好きなことをやっている人は、幸せです。自分にも家族にも、やさしくなれます。統計があるわけではありませんが、普通に生きている人よりも、友人の数も多いのではないでしょうか。

「大好きなことをやって1日を過ごす」ことは、幸せに生きるためには、とっても大事です。

これから、「大好きなことをやる人生」と「そうでない人生」を比べながら、いろんな角度でお話ししていきましょう。

ここで、また質問させてください。

あなたは、朝、どういう気分で起きるでしょうか？

朝起きて、すぐに考えることは、楽しいことですか？　それとも、どちらかというと、苦しいことでしょうか？

あなたの1日はどのような気分で満たされているでしょう？

朝明るくなってきたら、自然に起きて、「朝だ!!　今日も楽しいことをやろう」とワクワクした気持ちで、1日をスタートさせていますか？

「これもやりたい」「あれもやりたい」「この人に会いたい」「今日のランチは、この人と一緒がいいな」などと楽しいアイディアがいっぱいのワクワクする朝――。

それとも、目覚まし時計が鳴って、「うるさいな！」と思いながら、いったん止める。5分後にもう1回目覚ましが鳴ると叩いて止めて、ようやく3回目でイヤな気持ちで布団から出るという、「スヌーズボタン・ライフ」で朝が始まるのでしょうか？

重苦しい気持ちのまま満員電車に揺られ、会社に行ったら、目の前には、あまりワクワクしない仕事が山積みの朝――。


どちらも、現実にある朝の迎え方です。

今の世界では、貧富の差が広がっているという現実がありますが、私から見れば、毎日の「時間の過ごし方のクオリティの差」のほうが気になります。

たとえば、ある人は毎日、家事、勉強、仕事を嬉々としてやっているのに、同じマンションの隣の人は、がっくり肩を落として、仕事に向かっているのです。

朝の迎え方は、同じ家族でも、兄弟姉妹でも、夫婦でも全然違います。人生に対しての感じ方は、その人次第なのが興味深いところです。

なぜなら、好きなことをやるというのは、ごくパーソナルなことだからです。

あなたが普通の生き方を選んでいたとしたら、たまにこんなふうに感じているかもしれません。

「なんでこんなことをやっているんだろう。意味あるのかなぁ」

それでも、心にカツを入れて頑張ります。会社や上司、お客様の理不尽な注文にも応えようと、一生懸命な毎日。そして、まるで洗濯機に放り込まれて回されたような感じで、ボロボロになって帰ってくる。疲れきってベッドに倒れ込み、また明日もその繰り返しの日々――。

そんな毎日を送っていたら、次の日は、誰でもつらい朝になってしまうでしょう。

「いったい、私の人生って、意味があるんだろうか?」

と考えてしまうのも無理はありません。

大好きなことをやらない6つの理由

「大好きなことをやって暮らしたいですか?」と聞くと、ほぼ全員が、「もちろん、そうしたい!」と言うでしょう。しかし、その後に、「お金があればね……」とか、「時間があればね……」という言葉が続くのではないでしょうか?

大好きなことを一生やるつもりがないという人はいません。でも、具体的にいつ始めるかを決めている人もそう多くはいないでしょう。

「子育てが終わったら」「退職したら」「宝くじに当たったら」と、自分の大好きなことができるようになるときをぼんやり夢見ているのではないでしょうか。

あなたは、なぜ、大好きなことをやるのを先延ばししているのでしょう？

何がブレーキをかけているのでしょうか。

「好きなことをやらない」理由として、大きく6つの理由があります。

これから、一つずつ見ていきましょう。

①時間がないと感じている

「時間があれば、もっと楽しいことをやるのに」とか、「仕事や家事で忙しくて、好きなことなんてやる時間はとてもない」と言う人はたくさんいます。

これは、「好きなことをやらない」「好きなことができない」典型的な例です。

でも、時間はつくるものです。そうなってしまうのは、毎日の生活で、「やらなければいけないこと」の優先順位が高くなってしまっているからです。家事、仕事をやってクタクタになって、本当にやりたいことは、寝る前のちょっとだけの時間の読書だけになっていたりすると、心が疲れてきます。

②「好きなことをやっていい」という許可が自分におりていない

いろいろ聞いてみると、驚くことに、ほとんどの人が心から楽しいと感じることを日常的にやっていません。それは、散歩や読書をするといった簡単なことから、海外旅行まで、人によって好きなことはさまざまでしょう。

「なぜ自分の好きなことをやらないの?」と聞くと、「なんとなく、もったいない気がして」という人がたくさんいます。お金ももったいないし、好きなことをしてはいけない気がして、という答えです。

「自分にはまだ早い」という人もいます。20代、30代のうちは、まだ自分の好きなことをやるなんて早い。40、50代にならないと無理だと言います。しかし、まったく同じことを50代、60代の人から聞いたことがあります。

あなたは、大好きなことをやるのに、いったい何歳まで待つのでしょうか?

③「好きなことでは、生活が成り立たない」と思っている

「好きなことをしたいなぁ」とどこかで思っていても、一方で、「大好きなことばかりしていたら、生活していけない」と考える人は多いのではないでしょうか。

生きていくためには、最低限の生活費を稼がなくてはいけません。よほどの資産家でないかぎり、普通は仕事をする必要があります。そして、好きなことをやってお金が稼げるほど世間は甘くないので、それほど好きでもないことをやるというわけです。

たいていは、高校や大学を卒業して、たまたま就職した会社にいる自分に気づきます。ずっとこのままもイヤだけど、生活のことを考えると、今の会社を辞めるのも怖い。そして、今の生活以外もなかなか思いつかないという人は多いでしょう。

しかし、大好きなことは、仕事を辞めなくてもできます。週末だけの時間でもいいし、ちょっとした空き時間でも楽しめます。

大好きなことに関して興味深いのは、どうせ本業にできないなら、もういいやと思って、それ自体をやめてしまうことです。音楽のプロとしての道をあきらめたとたん、ピタッとピアノに触らなくなったとか、作家になるのをあきらめたら、文章を書くこと自体をやめてしまったというケースがそれにあたります。

④「才能がない」と思っている

才能があれば、スポーツ選手でも、歌手や画家にでもなんでもなれるのに……。あるいは、ビジネスセンスがあったら、事業を立ち上げて、成功できるのに……。そう考えながらも、どうせ自分にはそんな才能がないから、しがないサラリーマンをやるしかないと思っている人はたくさんいます。

「自分は、普通のサラリーマン、普通のOLでいい。1年に一度、海外旅行ぐらいできたら満足」と自分に言い聞かせながら、気持ちがくすぶっているかもしれません。

大好きなことをやって生きられるのは一部の天才で、普通の人には無理だと思っているのです。

⑤お金がないからできない

お金がないから、好きなことができないという人はたくさんいます。とにかく、新しいことをするにはお金がかかる。趣味のスクールに通うにも、温泉旅行に行くにも、お金が必要です。部屋のインテリアを変えたり、自分の好きな洋服を買ったり、絵を描くための道具一式をそろえる。楽しいことを考えたら、そのどれにも値札がぶら下がっているイメージでしょうか。

もっと大掛かりなことだと、留学、起業、引っ越しなど、すべてお金がかかりそうなことばかりです。本当はお金がなくても知恵を絞ればできることばかりですが、なかなかそう思えない人も多いでしょう。

⑥そもそも、好きなことが何かわからない

実は、これが一番多い理由です。

もし、あなたが「好きなことが見つかったら、俺は燃えるのに……」と言っているとしたら、小学校の頃を思い出してください。昔、「勉強したら、私はすごい」とお母さんに言い訳しながら、結局は勉強しなかったということはありませんか。

好きなことをやって暮らしたいなぁと思いながらも、そもそも何が好きか、わ

からないわけです。そして、カフェでぼんやりして、ハワイのビーチの暮らしに憧れるのです。

では、本人が好きなことを見つけようとか、追いかけようなどと思っているかというと、そこまで本気になれていないのが、大半の人の現実です。

嫌いなことをやっていると、こんなに損をする

なぜ、多くの人が大好きなことをやらないのかという理由について、ざっと見てきました。しかし、好きなことをやらずにいると、どれほどの損失があるのか、まだ気づいていない人が大半ではないでしょうか。

嫌いな仕事にしがみついたり、イヤな勉強ばかりして頑張っていると、人生が苦しくなっていきます。ふだんは意識していないかもしれませんが、好きなことをやらないマイナス面をこれから見ていきましょう。

①毎日が楽しめず、退屈を感じる

当たり前ですが、大好きなことを生活の中心にしていなければ、毎日が楽しくなくなります。なんとなく1日が過ぎていって、歳だけとっている感がある人は、このパターンにはまっています。

嫌いなことをやっていると、不快なことがいっぱい出てきます。精神的なストレスが溜まっていくので、苦しくなったり、イヤな思いをしたりすることも多くなります。

そのうちに、自分の感情を凍らせるようになります。すると、楽しい、うれしいという感情まで同時に感じられなくなっていきます。

安定を求めたのはいいけれど、逆にそれが退屈につながるというケースです。

②自分にも、まわりの人にもやさしくなれない

嫌いなことをやっている人は、「人間関係」もよくありません。

毎日イヤなことをしていると、心がすさみます。ちょっとしたことでイライラしたり、家族にトゲのある言葉を投げつけたりしがちです。次第に、自分とまわりの人の間に溝ができていきます。

自分に対してもやさしくなれず、つい厳しい見方をしてしまったりします。そうすると、ますます心がすさんでしまい、悪循環に陥ります。

③成長や学びが遅くなる

嫌いなことをやっていると、いつまでたっても成長できません。「我慢して耐えること」は学べますが、「ワクワクして、知識やスキルをどんどん習得すること」はできないでしょう。

好きなことをやっていると、「次々に新しいことを学びたい！」と思いますし、新しいことを普通の人の何倍もの早さで習得できます。しかし、嫌いなことをやっていては、なかなか知識や知恵が身に付かないのです。

たとえば昔、好きなギターを習ったときには、砂が水を吸収するようにどんどん知識を身に付けられたのを覚えていますか？

でも、やりたくない勉強は、全然頭に入らない。一つの文章を１００回読んでも、全然頭に入ってこないという体験を誰しもしたことがあると思います。

④お金に恵まれなくなる

嫌いな仕事にしがみついているかぎり、「お金」はあまり入ってきません。

好きなことをやっていると、どんどん情熱的になり、自然とセールスにもつながります。商売であれば、自分が本当に楽しいと感じているもの、信じているものしか売らないわけですから、本物を求める人々が黙っていても、向こうからやってきます。

一方、そもそも自分が嫌いなもの、自信のないものは、売れるわけがありません。それは、相手にも自然と伝わってしまうものです。

⑤お金を無駄遣いしてしまう

大好きなことをしていなければ、ストレスが溜まる生活になります。

すると、ストレスを溜めた分のエネルギーを発散する行為が必要になってきます。それは、買い物や旅行だったり、ゲームセンターやパチンコだったりするでしょう。気がついたら、知らないうちに、月末には「お金がない！」という状態になっているのです。

⑥自分のことが嫌いになる

嫌いな仕事にずっとしがみついていると、最終的には、仕事だけでなく、それをやっている自分のことも嫌いになってしまいます。

これが、好きではないことをやっている一番のデメリットだと思います。

自分が嫌いになってくると、鬱になったり、家族や友人との関係もうまくいかなくなります。自分が好きな人はセルフイメージが上がりますが、自分が嫌いな人はセルフイメージが下がる一方です。

⑦明るい未来がない感じがする

なんとなく日々を過ごしていると、未来に対して前向きな気持ちになれません。これも、嫌いなことをやって生きている代償として、知らないうちに支払わされている代価です。

心理的に興味深いことですが、大好きなことをやっていると、未来はすばらしく感じられるのです。

会社の都合としては、自分らしく生きることに不安を感じてもらって、辞めずに目の前の仕事に打ち込んでくれたほうがいいのです。

でも、嫌いなことを毎日やっていると、たいして楽しくない毎日がこのままずっと続きそうな感じがします。そして、その感覚は正しいのです。自分のあり方、職場、いずれにしても何かを変えないかぎり、そのとおりになるでしょう。

⑧なんとなく、息苦しい

大好きなことをやっていない人に共通するのは、なんとなく毎日息苦しいと感じていることです。自分でも、時々、何をやっているのか、わからなくなるからです。「何のために生まれてきたのだろうか？」と感じてしまうのは、そのためです。

大好きなことをやっている人は、同じ息苦しさでも、「ワクワクして息ができない」「感動して、動悸がする」ような感覚を持っています。

仕事が「自分に合う、合わない」という視点でも見てみる

ざっと見てきましたが、嫌いなことをやり続けることが、どれだけあなたの人生を蝕むか、おわかりいただけたのではないでしょうか?

これから、月日を重ねた分だけ差が開き、人生の二極化が進むことになります。大好きなことをやっていれば、どんどん人生は楽しくなります。嫌いなことを続けていれば、どんどん人生はつらいものになっていきます。まったく同じ仕事をやっていても、あなたに「合う」「合わない」で、正反対の結果が出ます。

仕事との関係も、男女関係に似たところがあって、相性があります。「合う」「合わない」というのが、一番大切だったりします。どれだけたくさんお金を払ってもらっても、合わない仕事というものはあります。

これは、あなただけにしかわからないでしょう。その仕事がいい、悪いではなく、あなたに合うか、合わないかという視点でも見てみましょう。

こういうことは、家庭や小学校でぜひ教えてもらいたいと思いますが、残念な

がら、両親も学校の先生も、ワクワクして自分らしく生きている人は少数派です。英会話、コンピューター、ダンスなどの新しい教科と同じで、教えられる人がほとんどいないのが現状でしょう。

今の仕事が自分に合っていて、生まれ変わってもう一度やりたいぐらいの情熱的な人は、なかなか見つけることができません。

あなたは、これまでの人生で、本当にワクワクして生きている人に何人出会ってきましたか?

人によっては、ほとんど思い浮かばないかもしれません。

楽しい人生を阻む「失敗への恐れ」

あなたにとって、人生とはどんなものでしょうか?

多くの人は、「人生とは、間違いをできるだけ少なくして死んだほうが勝ちだ」と考えているかのように生きています。

そうなのです。失敗を恐れているのです。

それは、中学校や高校の選択に始まり、大学、会社、配偶者選びまでに及びます。会社やパートナーを選ぶ基準を「失敗しなさそう」にした人も多いでしょう。

人が、自分の本当にやりたいことをやらないのは、失敗が怖いからです。

成功している人は、失敗をほとんど恐れていません。それどころか、成功に到達する過程で出会う「お化け屋敷の仕掛け」ぐらいに考えています。イヤだけど、怖くはない。だから、失敗を楽しむ余裕があります。

75%の確率で失敗させる学校教育が、失敗への恐れの原点⁉

なぜ、これほど人が失敗を恐れるかですが、その原体験は、学校のテストにあるのではないかと、私は密かに考えています。

四択の試験では、正解は一つしかありません。つまり、75%の確率で間違ってしまうわけです。

若干話がそれますが、あなたは「黒ひげゲーム」をやったことがありますか？

剣を樽に刺すたびに、ポンと人形が飛び出すかもしれないスリルを味わうゲームです。あれは、50カ所の穴のうち1カ所だけが失敗の穴なので、おもちゃの剣を樽に刺すたびに、スリルがあって楽しめます。

しかし、学校の試験では、75％の確率でゲームオーバーになってしまいます。

それでは、トライする前から負けた感じになります。剣を渡されたときから、「どうせダメだよ」というマイルドな失敗感を感じるのではないでしょうか？

学校では、75％で負けるゲームを何百回もやらされているのです。

それが、ストレスになっていないはずがありません。

好きなことをやって、お金を上手に稼ぐ人もいる

一般的には、好きなことをやってもお金にならないと考えられています。

だから、好きなことだけをやって生きてみようと、そもそも考える人が少ないわけです。

それは、今まで見聞してきたイメージが強く影響しているかもしれません。

たとえば、大好きなことをやっていて食べていけない人の典型として、売れないミュージシャンや俳優、芽が出ないお笑い芸人がいます。

トップ芸能人になれば、それこそ億単位の収入が得られますが、演劇をやっている多くの若者は、居酒屋でバイトしながら、なんとか生計を立てています。

あなたの頭にも、そういう生活をしていた友人の顔が浮かぶかもしれません。

メディアなどで売れない芸人の苦労話を見聞きするうちに、好きなことを仕事にして、それだけで食べていくなんて、大変なことだと思うようになっているわけです。

また、「ビジネスを立ち上げても、すぐに失敗する」というイメージがブレーキをかけています。ある面で、それは事実です。

結局、好きなことをやるのは、リスクだと〝確信〟しているのです。

しかし、そういう常識に反して、世の中には、大好きなことをやって、お金もいっぱい稼いでいる人たちがいます。彼らは、代々資産を受け継いだわけではなく、多くが自分の代で成し遂げています。

では、好きなことをやってお金持ちになっている人は、どういう人なのでしょう？

私たちがふだんテレビや雑誌で見聞きする成功者は、スケールが大きすぎて、自分とあまりにもかけ離れていると感じてしまいます。そういう人しかテレビに出られないわけですが、私たちが注目するべきは、ちょっと成功して、普通のサラリーマンやOLよりもいい収入を得ている人たちです。そういう人たちなら、あなたが想像する以上にたくさんいます。詳しくは、5章でそのあたりのことをお話しします。

特に、この10年でインターネットが普及したことで、自分の大好きなことをやることが、前よりもずっと簡単になりました。

今までなら、自分の商品やサービスを知ってもらうのにお金と時間がかかったのですが、ソーシャルメディアをうまく使えば、コストも時間もかからずにすみます。

自分が何かをやろうと思ったときに、投稿するだけで500人や1000人の人にサービスを知ってもらえる時代になりました。

「好きなことをやって生きよう」というと、CDをミリオンセラーにしたり、チェーン店を全国展開しなくちゃいけないと思いがちですが、それは違います。

自分の好きでやっていることに対して、フェイスブックで「いいね！」と押してもらって、５００人、１０００人の人たちに、毎月あるいは1年に何回かお金を払ってもらうことができた人たちが、うまく独立に成功しているといえます。

この本は、起業家向けの本ではありません。しかし、大好きなことを本格的にやろうと思ったら、やはりある程度のお金をまわす技術がいります。資本主義の現代では、お金がないと、やりたいことをやるのに手間がよけいにかかるからです。

お金がないとできないわけではなく、より不便になると理解してください。

今のあなたの生き方は、どこから来たのか？

この章の最初に、「あなたが、朝からどんな気分で1日を過ごしているか？」についてお聞きしましたが、なぜ、そのような生活をするようになったかを考えたことがありますか？

私たちは、知らないうちに、まわりにいる人々からさまざまな影響を受けています。

彼らとの付き合いで、「人生とはこういうものだ」と考えるようになりました。そして、彼らの生き方に反発したり、あるいは、納得してそのとおりに生きているのです。

①あなたの両親

あなたの生き方のモデルは、望むと望まざるとにかかわらず、あなたの両親です。

両親がどのような人生を生きてきたかが、あなたの生き方にダイレクトに影響を与えています。

あなたの両親は、幸せな人ですか？

大好きなことをやって、人生を生きた人でしょうか？

それとも、生活のために、イヤな仕事をしていたでしょうか？

人のため、社会のために働いていたのでしょうか？

お金は、自由に楽しく使っていましたか？

それとも、お金の不安を感じていましたか？

たいていの人は、両親の価値観をそのまま引き継いでいます。あるいは、彼らの生き方に反発して、今に至った可能性があります。

②あなたの祖父母

実は、あなたの人生に、意外な人たちが影響を与えています。

それは、あなたの祖父母です。そういうと、「え？　おじいちゃんは、俺が赤ちゃんのとき亡くなっているんですけど……」という人がいます。

たしかに、あなたは祖父母に会ったことすらないかもしれません。しかし、その祖父母がどう生きたかは、あなたの人生に多大な影響を与えています。

彼らは、お金とどう付き合いましたか？

仕事を楽しんでいましたか？

専業主婦だった祖母は、その状態を楽しんでいたでしょうか。

たとえば、祖父が事業を興して大失敗していたら、それは、あなたの父親に多大な影響を与えているはずです。小さい頃のトラウマになっていたりすると、あなたのお父さんは、安全を人生で最優先にして、公務員や銀行員になったかもしれません。その父親の安定志向に嫌気がさして、今、あなたは事業を興したくなってウズウズしているのかもしれないのです。

「隔世遺伝」という言葉がありますが、お金、仕事、夫婦関係にもそれはあると思います。

③兄弟姉妹

あなたの兄弟姉妹はどんな人たちですか？

普通の生き方を選択しましたか？　それとも、ユニークな生き方を選んだでしょうか？

病気や引きこもりになったりしている場合、その人に対して、あなたは知らないうちに、遠慮や罪悪感を感じているかもしれません。

大好きなことをやろうと思っても、お兄さんやお姉さん、弟、妹に「悪いなあ」と思ってしまうのです。

逆に、兄弟姉妹がすごく優秀な場合、「どうせ自分にはできない」というセルフイメージができあがっている可能性もあります。

いずれにしても、兄弟姉妹は、あなたの人生観を形づくる上で、とても重要な役割を担ってきています。

④友人たち

過去にさかのぼると、小学校時代からごく最近まで、あなたの友達にはどんな人がいるでしょうか。

彼らは、幸せそうでしたか？　それとも、意地悪でイライラしていましたか。正直な人たちでしたか？　それとも、嘘つきでしたか？

今、あなたのまわりの友人は、理想の人生を生きていますか？　それとも、ありきたりの人生でしょうか？

身近にいる友人たちがワクワクして、最高の人生を生きていないと感じるなら、好きなことをやって生きようと思うとき、彼らに対して遠慮が出てきます。

あなたのまわりにいる人が、大好きなことをやって自由に生きている人たちばかりだと、あなたも好きなように生きられる感じがするはずです。

⑤先輩、後輩

クラブ活動や仕事を始めたとき、どんな先輩がいましたか？

彼らがすばらしい人たちなら、あなたは自然と年上や目上の人に尊敬や感謝の気持ちを持つでしょう。けれど、最悪な先輩しかいなかったとしたら、相手が目上というだけで、身構えてしまうはずです。

また、先輩は、どんなことを教えてくれましたか？

あなたのお金の使い方、人との付き合い方は、あなたの学校のクラブの先輩たちから教えてもらったかもしれないのです。

同じようなことが後輩にもいえます。あなたには、楽しく付き合える後輩がいましたか？　彼らは、あなたのことを慕ったり、尊敬してくれていましたか？

そうだとすると、あなたは年下の人たちとうまくやっていけているはずです。

⑥取引先、お客さん

あなたは、仕事の関係者と、どれだけいい関係を持っていますか？

彼らとの人間関係がよければ、あなたは、世界は安全ですばらしいと自然と感じているはずです。しかし、仕事関係で付き合う人がみんな怒っていたり、イライラしていたら、あなたも影響を受けることになります。

あなたが楽しいことをやりたいと話したとき、彼らは喜んでサポートしてくれるでしょうか。

あなたの人生は、誰が決めているのか？

こうやって見ていくと、あなたの人生は誰が決めているのでしょうか？

あなたの職業選択、パートナーの選び方など、人生のいろいろな側面で、あなたが知らないうちに、先ほど挙げた人たちの人生観に影響されています。

親とも離れて暮らしているし、自分で人生の大切なことは決めているつもりでも、両親の影響を受けていたなんて、びっくりかもしれません。まして、20年以上も前に亡くなったおじいちゃんの若い頃の起業の失敗が、自分の独立を妨げていたなんて、今までまるで結びつかなかったかもしれません。

しかし、お父さんがずっと小さい頃から言っていた「無謀なことをするなよ」という言葉は、あなたの心の奥深くに眠っています。心配性のお母さんが「お金は大事だよ」と悲しそうに言った言葉が、今の自分の行動を制限していることを知っておきましょう。

あなたは、自分の生き方を自由にえらべる

あなたは、どんな生き方を選んでもいいのです。誰も、あなたに何かを強制することはできません。しかし、私たちの多くは、いろんな人に遠慮したり、家族やパートナーからのプレッシャーを感じたりして、自分らしくない生き方をしています。

ただ、最終的に、あなたの両親も、パートナー、子ども、友人、上司、取引先の人たちの誰もが、あなたの幸せに責任を持ってくれるわけではありません。

あなたは、どっちの世界で生きたいですか？

「嫌なこと」で生きる世界

- ワクワクしない毎日が続く
- 身体が重い、ダルい
- 注意散漫、ダラダラ
- まわりの人から孤立
- 時間が経つのが長い
- 楽しい未来が見えない
- 思いどおりに生きられない

「大好きなこと」で生きる世界

- ワクワクする毎日が送れる
- 身体にエネルギーが充電される
- 知識やスキル習得に集中できる
- まわりの人が応援してくれる
- 創造的なことを思い浮かぶ
- 心も身体も健康になる
- 運がよくなる

↓

あなたが選んだ感情の状態によって、どんな人生を歩み、展開していくかが決まる

あなた以外に、あなたの人生を変えられる人はいません。

しかし、あなたがどう生きるのかに、いろいろと口を出してくる人たちはたくさんいます。あなたのことを思って言っているように聞こえますが、大半のアドバイスは、ごく常識的なものです。自分の常識や人生観から、もっともなことを言うだけです。

それをそのまま鵜呑みにして生きるのも一つの生き方です。

本当に大好きなことで生きていきたいと願うなら、自分が、誰からどのような影響を受けて、今の人生を選択するに至ったかを考える必要があります。

自分の人生観を調べていくと、知らないうちに自分が望んでいない観念が混じっています。

「人生は、楽しむべきではない」「お金は汚い」「騙されないように、人の親切は信じてはいけない」などの観念は、あなたの祖父母のものかもしれません。

しかし、知らないうちに、それが両親、そしてあなたへと引き継がれているのです。

それプラス、社会の常識があなたの人生観をつくっています。それを一つずつ検証していく作業は、自分らしい人生を望むなら、一度はやる必要があるでしょう。さぁ、ここからは、あなたの本当の人生の始まりです。準備はいいですか？

第2章

なぜ大好きなことをやると、人生が劇的によくなるのか？

先の見えない時代だからこそ、大好きなことをやる

今、世界経済の大混乱の影響で、ついこの前まで一流企業だったところが次々にリストラ策を発表しています。こうなってくると、どこにも安定がない、将来が見えづらい時代になりました。

「そんなときに、なんで大好きなことをやるというリスクを冒さなきゃいけないの？」とか、「それより、目先の生活を成り立たせるためのことをやらなきゃ」などと思う人もいるかもしれません。

転職するにしても、会社の規模や安定度を筆頭に、福利厚生や将来性ばかりに意識が向いてしまい、「自分が好きなことができそうか、どうか」という視点は二の次になりがちです。それは、学生の就職活動でも同じでしょう。

主婦の方も、リタイアした方も、毎日目の前のことばかりに気が向いてしまい、せっかくの1回きりの人生を豊かにしようとする心の余裕がないのは、どんな立

場であろうと同じかもしれません。

そう考えている方に、どうしてもお伝えしたいことがあります。大好きなことをやっていく人生のほうが、このまま嫌いなことを続ける人生よりも、多くのメリットがあるということです。

時代や景気などに左右されないのは、実は、嫌いなことを我慢しながらやっている人よりも、大好きなことをやっている人のほうなのです。

この章を読み終えたときに、そのことがよくわかると思います。

人生を変えるタイミングの6つのサイン

今まで大好きなことをやっている人をインタビューしてきた経験から、人生を大きく変えるタイミングには、ある種の共通点があることがわかりました。

たとえば、それは、従業員の人にとってはリストラだったり、自営業の人にとっては売り上げの急減だったりします。また、離婚、病気、親の死なども、大きな変化のきっかけになっています。

そういう人生を変える転機によって、私たちの人生は大きく変わっていきます。好むと、好まざるとにかかわらず、その変化はつきものです。

その変化で苦しむのか、あるいは、その変化のエネルギーを使って前に進むのかは、あなた次第です。

これから、人生を変えるタイミングのサインにはどのようなものがあるのか、ざっと見ていきましょう。

①リストラや売り上げの急減

今、世界的に産業構造が変わり、大企業のビジネスモデルが崩れ始めています。数年前にうまくいったやり方が、通用しなくなったのです。その流れに巻き込まれて、リストラされたり、給料が減る人が急増しています。小さな会社を経営している人も、思わぬ余波をまともに受けて売り上げが急減して、慌てている人も多いのではないかと思います。

しかし、それは、人生を変えるタイミングでもあります。今は好きなことをやって自由に生きている人も、数年前にリストラに遭って、絶望の淵に立たされていたなんてことはよくあります。収入源を確保しようと思って独立したら、それがうまくいったというケースです。

下請けをやっていたのに、受注が急減したので、新しい商品を開発したところ、ヒット商品となって売り上げを伸ばした小さい会社もあります。

②本人や家族の病気

本人や家族の病気が、そのきっかけになる人もいます。

自分が病気をして、人生は一度しかないんだと真剣に自分のライフワークを生き始めた人。

また、旦那さんが入院したことがきっかけで、起業するようになった主婦。

いずれも、病気がなければ、新しいことを始めるなんてことはなかったかもしれません。

③破産、事故

お金のトラブルや事故も、人生を変える典型的なマイナスドラマです。

その前にいろんな兆候はあったはずですが、それを無視して突っ走っていると、そういうことが起きがちです。保証人になっていたのに相手が行方不明になったという場合や、交通事故は、それが大きなきっかけになりえます。

もちろん、そういうマイナスの出来事に遭遇して、どんどんダメになっていく人もいます。どうするかは、あなた次第です。

④ものごとが完了したとき

会社に勤め始めて10年目とか、子どもが幼稚園を卒園して小学校に入るとか、退職、離婚など、何かが完了したときは、人生が変わる節目になります。

なぜなら、ものごとが完了するとき、人生のエネルギーがシフトするからです。子どもが独立したり、結婚するときなどは、おめでたい反面、喪失感があったり、新しい人生に不安を感じたりするものです。

そういうときには、手放す必要のあることを手放して、あなたの気持ちで前を向くことができれば、人生が大きく変化していきます。

⑤人間関係のトラブル、男女関係の破綻

人間関係のトラブル、男女関係の破綻は、人生をリセットするいいチャンスです。

人生で最も悩むのが、人間関係や男女関係の問題です。健康、お金と並んで、いつも悩みの上位に入ってきます。

でも、それが起爆剤となって人生が変わっていくとしたら、長い目で見れば決してマイナスのことではありません。

失恋をきっかけに、「さぁ、心機一転何かやってみよう！」と思って、本当に自分らしいことをやり始める人もいます。

あなたが人間関係、男女関係で悩んでいたら、大きく人生を変えるタイミングかもしれないという視点から考えるのもいいでしょう。

⑥誰かと出会ったとき

人生を変えることの一つに、すばらしい人物との出会いがあります。

本当に自分らしく生きている人と出会うことで、雷にうたれたような衝撃を受

けることがあります。なぜなら、そういう人を間近で見るだけで、「ああやって、自由に生きていいのか！」と感じるからです。

ふだん見慣れない生き方に触れると、確実に影響されます。

私の場合、本当に好きなことをやって自由に生きている人たちに、ごく若い頃に出会えたのは財産でした。インスピレーションの泉のような人と出会うと、しばらくずっとワクワクしている状態が続きます。

今は、ライフワークでその業界でトップランナーと対談させてもらうことが多いのですが、そのたびに、やりたいことが増えていくし、以前よりも情熱的になっている自分に気づきます。

さぁ、人生を変える6つのサインを読んできて、いかがですか？

ひょっとして、あなたも、「やばい……。なんかハートがドキドキしてきた」と感じ始めたかもしれません。

これから、好きなことがどうあなたの人生をすてきに変えていくのかについてお話ししていきます。

好きなことが人生にもたらす5つのメリット

1章では、あなたの現在地を見てきました。そして、「なぜ、自分の嫌いなことをやり続けると苦しくなるのか」について検証してみました。

この章では「大好きなことをやると、人生がおもしろくなる」メカニズムについて見ていきたいと思います。

大好きなことをやると、いろんないいことがあります。

私は、20歳のときにこのことを教えてもらえたので、すごくラッキーでした。

しかし、ほとんどの人は、大好きなことをやる人生のすばらしさを知らないまま、一生を終えていきます。それは、とてももったいないことだと思います。

私自身、ちょうど人生の折り返し地点にさしかかって、これまでに何十人というたくさんの親切な人たちに道案内をしてもらったことを思い出します。

そのお返しに、今度は私が人生を楽しく生きるガイドとして、「大好きなことをやる人生のおもしろさ」を皆さんに説明したいと思います。

①心の平安

1章の冒頭でお伝えしたとおり、好きなことをやっている人は、「朝の目覚め」が違います。1日を楽しく過ごしているので、感情も行動もおのずと前向きになります。

この「心の平安」は、大好きなことをやっていることへのご褒美のようなものです。

なぜなら、それが一番、本人のためにも、人の役にも立つからです。

好きなことをやっていると、人と競うことも、争うことも、比べることも、いがみ合うこともありません。自分がまわりからどのように評価されるかにも、あまり意識がいかないので、心が安らかな状態でいられるようになります。

②すばらしい人間関係

好きなことをやっていると、次々といい人に出会えるようになります。

また、好奇心いっぱいなので、どんな人と出会っても、その人の人生に興味が出ます。好きなことをやっていると、他人と競争するという感覚を忘れるので、どちらが上、どちらが下という考え方もなくなります。

職業的にも分け隔てなく、さまざまな人といい関係をつくることができるのです。

楽しくやっていると、いろんな人たちからお誘いがかかるので、ますます人間関係が広がり、人生も楽しくなっていきます。

③生きている実感が持てる

自分が好きなことをやっていると、嫌いなことをやっていたときには感じなかった「生きている！」という実感を持てるようになります。

日常的に「静かなワクワクが生活全体に流れている」状態です。静かなワクワクは、一時的に興奮状態になるような熱い種類のワクワクとは違います。決して衰えることのない、内なる情熱の炎です。

それは、自分の未来に対してワクワクしたり、今抱えているプロジェクトに邁進しようというやる気につながっていきます。やがて、自分のやっていることが広がりを持ち始め、まわりの人の人生までも変えていきます。

④健康になる

最初に挙げた「心の平安」だけでなく、身体にもいい影響を与えてくれます。

好きなことをやっていて、過労死する人はなかなかいません。逆に、嫌いなことをやっていると、心や体に負担がかかるのは、時間の問題です。

毎日楽しいことをやっていると、風邪をひきにくくなりますし、風邪をひいても、仕事をやっているとよくなることが多いのです。実際に、好きなことをやっていると、免疫力が高くなるというデータもあるぐらいです。

⑤経済的にも豊かになる

自分が大好きなことをやって、多くの人と分かち合っている人を貧乏のままにしておくことは不可能です。

それは、その人が自分の才能を分かち合った結果、多くの人がお礼をしたいと考えるからです。

楽しいことをワクワクしながらやっていると、いろいろと工夫をするようになります。お客様にもっと何かしてあげたいという気持ちが自然に芽生えてきます。相手に喜んでもらいたいと思うようになるのです。

付き合う人にたえずプレゼントしたり、楽しませようと心がけていると、自然と経済的にも豊かさが回ってくるようになります。

この「大好きなことをやること」と「経済的な豊かさ」の関係は、皆さんが一番気になるところだと思いますので、のちほど詳しくお伝えします。

「大好きなこと」の7つの側面

大好きなことを見つける旅を急ぐ前に、そもそも「大好きなこととは、どんなことなのか」をいろいろな角度から見ていきましょう。

大好きなことをやっている人の共通点を整理することで、あなたも「ひょっとして、これかなぁ」と自分の大好きなことが見えてくるかもしれません。

①やっているだけで、楽しくなること

「料理をつくっているだけで楽しい」「人前で話すとワクワクする」「映画の話をしたら止まらない」といったことです。

それでお金をもらえるとか、喜ばれるとかは、あまり関係ありません。それをやっているだけでうれしくなってしまうようなことが、大好きなことといえます。

やっているだけで、エネルギーが高まっていくような感覚を持てることです。

その好きなことから派生すること、たとえば、料理をつくるだけでなく、料理を食べることに対しても、アイディアが次々と湧き出てくるようになります。

②まわりを楽しませ、幸せな気分にさせること

やっている本人だけでなく、まわりの人も自然に喜ぶようなことです。

見ている人まで楽しくなって、幸せな気分になるようなことです。喜びいっぱいの表情で歌を歌う人は、聴いている人を幸せな気分にさせてくれます。

また、ニコニコしながらラーメンをつくるおじさんや、うっとりした表情で花束をつくってくれるフラワーショップの女性は、まさにこの例にあてはまります。

③自然とやってしまうようなこと

私の知り合いに、日本でも有数な講演家がいます。彼は、人前で話すことが仕事なわけですが、仕事と関係なく、人と話すのが大好きです。一緒に旅行していたとき、トイレから戻ってくると、ホームで誰かと親しげに話していました。知り合いにでも偶然会ったのかと思って聞いてみたら、さっき会ったばかりとのこと。傍から見たら、10年来の友人のような雰囲気で話していました。彼にとっては、人と話をすることは、それだけ興味深いことなのでしょう。

本を読む。掃除をする。料理をつくる。人を紹介する。ついつい自然とやってしまうようなことが、どんな人にでもあるはず。それが、あなたの大好きなことです。

④生まれ変わってもやりたいこと

生まれ変わっても、先生になりたいという人がいます。それだけ教えることが楽しくて仕方ないのでしょう。来世も、パン屋をやりたい、医者になりたいという人は、心からその仕事を愛している人です。

共通しているのは、「それをやるのが楽しすぎて、1回の人生ではやりきれない」という感覚です。

⑤お金を払ってでもやりたいこと

大好きなことをやって成功している人は、お金を払ってでもそれをやりたいと思っています。これが嫌な仕事だったとしたら、お金をもらわないと絶対にやりたくないでしょう。

たとえば、自分が売っている商品が大好きで、その商品を自分のお金で買ってでも使ってもらいたいと思っている営業マンは、いつのまにかトップクラスの営業成績をあげています。

その大好きという情熱は、相手にも伝わるもので、その人が新たな人を紹介してくれて、多くのファンに囲まれるという結果をつくりだします。

⑥いつもまわりにほめられたり、「もっとやったら」と薦められること

遊びに来た友人のために、手づくりのお菓子をつくったら、とても好評だったといった経験はありませんか。

サラッと描いた絵や、気まぐれで書いた文章を見せたら、「とても上手だね。本格的にやってみたら」と言われたことがあるかもしれません。

あなたはまだ気づいていないかもしれませんが、そういうことが、あなたの本当に大好きなことである可能性が大です。それは、あなたの生活の一部になっていて、あまりにも当たり前のことなので気づかないだけかもしれないのです。

別に、それがすぐに仕事にならなくてもいいのです。人からどんなことをほめられたことがあるかを思い出してみると、思わぬヒントが見つかるでしょう。

⑦少しでも時間があればやってしまうこと

対談をさせていただいたことのある将棋の羽生善治さんは、時間があると棋譜を見ていると語っていました。息抜きには何をしているのかといえば、チェスをやっているそうです（笑）。それだけ将棋やゲームが好きなのです。

あなたにとって、少しでも時間があれば、ついやってしまうことはありますか？

何か思い浮かんだ人は、それがきっと大好きなことのはずです。

「大好きなこと」ではない活動は？

「大好きなことは、何ですか？」と聞くと、よく返ってくる答えとして、「お風呂に入ること」「寝ること」だと言う人がいます。そして、まわりの人たちも、「そうだ、そうだ」と賛成して笑っています。

しかし、そういった活動は、リラックスするためのもので、1日中やりたいことではないはず。何かの活動をやった後に、ご褒美でやること、あるいは、疲れから回復するための活動だといえます。

大好きなこととは、1日中、365日やっても飽きないことなのです。さすがに、1日、そして、365日お風呂にばかり入っていたい人は少ないでしょう。

同じような答えとして、「ゲームをすること」「漫画を読むこと」というものがあります。それは、大好きなことです。それを遊びでしたいか、仕事でしたいか

大好きなことを見つける7つの質問

質問1 小さい頃、ワクワクしてやっていたことは？

質問2 もっとやりたいのに、時間がないと感じることは？

質問3 やりたいけれど、やるのが怖いことは？

質問4 よく人に勧められることは？

質問5 ひそかに憧れている人は？

質問6 時間があったら、ついやってしまうことは？

質問7 普段、よくお金を使うことは？

という違いはありますが、大好きなことになりえるでしょう。

後でお話ししますが、こういう活動は、仕事にするよりも、趣味として残しておいたほうが楽しいという人もいるので、そのあたりのことは、自分がどう感じるのか、要チェックです。

大好きなことに、いつ出会えるのか？

よく聞かれることに、「大好きなことには、いつ出会えますか？」というのがあります。

私は占い師ではないので答えられませんが、その質問をする気持ちはよくわかります。

それは、恋人を見つけるのと似ていて、「永遠に出会えないのではないか？」と感じてしまうようなものです。

しかし、まだ出会っていないからといって、永遠に出会えないわけではありません。

大好きなことを楽しくやっている人たちにインタビューしてきましたが、小さい頃にそれを見つけたという人は、ごく少数派です。たいていの人は、社会人になってから、不思議な偶然によって、大好きなことに出会っているようです。

ライフワークは、早く見つけたほうが勝ちだというゲームではありません。いろんな遠回りをしたほうが、結果的にはよかったということもあるからです。

ケンタッキーフライドチキンのカーネル・サンダースさんは、大好きなフライドチキンのレシピを世に出して、60代後半で大成功しました。

大好きなことは、何歳からでも始められるのです。

先日も、80を過ぎた方が講演会の後に、「これからは、好きなことをやって生きます！」とニコニコして語ってくれました。彼の笑顔にすごく感動したのを覚えています。

50、60歳からでも、決して遅くはありません。なぜなら、あなたが現在何歳だとしても、これからの人生を考えると、今のあなたが一番若いからです。いきなり仕事にしなくても、ちょっとずつ始めるというスタンスでもいいと思います。

「自分は好きなことをやってはいけない」という制限を外す

普通の人が大好きなことをやれない大きな原因は、「自分の好きなことをやって、生きていいと考えていない」ことです。

これは、日本人ならではの特徴かもしれません。日本人は小さい頃から、「自分のことだけ考えちゃダメよ」とか、「人様に迷惑になるようなことをしちゃいけません」などと聞かされて育ってきました。その上、「仕事は厳しいものだ」「好きなことでメシが食えたら世話はない」という考え方が根づいています。

仕事観や人生観が、「好きなことをやって生きる＝無責任」という〝常識〟があるかぎり、「大好きなことをやろう」と思い立ったり、自分の大好きなことを見つけようと思っても見つけられないのも、当然なのです。

最初に倒すのは、小さなドミノでいいのです。それがだんだん徐々に大きいドミノになって、マットレスまで倒すことができるわけです。

ということは、自分が今、最初に倒さなくてはいけないドミノは、「自分は好きなことをやってはいけない」という制限を外すことかもしれません。これがある意味、一番大きなリスクかもしれません。

「自分が大好きなことをやったら、どういう人生を生きているのだろう」とイメージすることが、最初のドミノを倒すための大事な行動なのです。

大好きなことをやるのに、「勇気」はいらない

大好きなことをやっていない人は、自分には何もないと勘違いしがちです。

たとえば、それは才能であったり、お金であったり、時間であったり、情熱であったりすると思うのですが、それらがないから私はできないと決めつけています。

しかし、私が今までインタビューしてきた経験からいうと、成功するのに、お金も、才能も、時間も、情熱もいりません。

そうお話しすると、「そういうものがなくても、何かまだ必要なものがあるの

ではないか」と多くの人たちは思っています。

それは、「勇気」です。勇気がないからできないと思っている人は、結構多いのです。人生を変えるには、勇気がとても大きなファクターだと思い込んでいます。

もし、あなたが今、会社を辞めて起業するときに必要なものといえば、お金や時間、情熱、そして勇気を挙げるのではないでしょうか？

しかし、多くの成功者を見てきたかぎり、これには疑問を感じます。

「勇気」は、私は多くの人が大好きなことをやる上で、わざと自分で自分にブレーキをかける魔法の言葉のように思えます。

「勇気がないから、自分にはできない」と思い込ませることで、今の状態を変えられなくてもいいかなぁとなっているような気がします。

過剰な勇気があると、必要のないリスクを冒してしまいがちなので、私は「勇気」はなくてもかまわないと思うのです。

「大成功しよう」とか、「大実業家になろう」「大スターになろう」と思う人には、ある一定の勇気は必要かもしれません。

しかし、ほどよく幸せに成功するには、勇気はかえって邪魔になると私は考えています。たいていの場合、リスクなんてまったく背負う必要はないのです。

「さあ、何か好きなことをやろう」と思ったときに、たとえば、釣りに行ったり、ゴルフに行ったり、海外旅行に行くときに、朝5時に起きなくてはいけないというシチュエーションがあるとします。そのときに勇気を持って5時に起きるでしょうか。当然、勇気なんて必要ありませんよね。

あるいは、何か好きなテレビやDVDを見ているときに、ふとお茶を飲もうと思ったとします。そのときに、パッと立ち上がるのに、勇気はいらないのではないでしょうか。やる気がいるでしょうか。モチベーションが必要でしょうか。

きっと、お茶が飲みたいと思ったら、自然と立ち上がるはずです。

「お茶を飲みたい」とか、「誰かと会いたい」と思ったら、自然と椅子から立ち上がり行動に移します。そのときに、勇気はいらないのです。

大好きなことで生きるために、必要ないもの

大好きなことをやるのに、勇気以外にも必要ないものがいくつかありますので、ざっと見ていきます。あなたも誤解していたことに気づくかもしれません。

①才能

「才能がないので、大好きなことができません」という人がいます。皆さんの中にも多いのではないかと思います。

私の経験では、「才能は、途中で開発されていくもので、最初には必要ない」と思います。

才能は、本気で何かに打ち込むと出てくるものです。

もちろん、サッカー、野球などのスポーツや歌手などの一部の職業には、生まれつきの才能といったものが必要になってくるでしょう。

しかし、今成功しているスター選手よりも資質に優れている人は、たくさんい

たはずです。違いをつくったのは、「やり続けたかどうか」です。

大好きなことを何年も何十年もやっていて初めて、才能が出てきます。逆に言うと、気の遠くなるような長期間、ずっとやり続けられなければ、ものにならないということでもあります。

②時間

「好きなことを探したり、やったり、考える時間がありません」という人もたくさんいます。彼らは、時間があれば、好きなことができると思っているのです。

こういうタイプは、退職後、暇を持て余すことになります。なぜなら、細切れ時間を見つけてでもやりたい大好きなことがないということだからです。

時間がないと感じている人の多くは、本当に大事なことに時間を使っていません。彼らは優先順位の付け方が下手で、なんとなく断れない仕事や用事に時間を取られていることが多いのです。

③お金

「大好きなことをやるためのお金がありません」という人もいます。彼らは、お金がなければ何もできないと信じています。

お金はあると便利ですが、なくても大好きなことはやれます。現在大好きなことをやって成功している人たちの多くが、無一文からスタートしていることを見れば、お金は必要ないことがわかります。

逆に、最初にお金がありすぎると、ベンチャービジネスは、油断して失敗することのほうが多いようです。お金がないと、人はクリエイティブになれます。

④やる気

「自分は、やる気がないから、好きなことをやれない」と信じ込んでいる人もたくさんいます。彼らは、自分が飽きっぽいと思っているのです。

しかし、これも大きな誤解です。なぜなら、本当に好きなことに出会ったとき、人は、自分の中から突き上がってくる情熱を抑えることができなくなるからです。一時的なやる気ではありません。深いところから湧き上がってくるような力です。

もし、あなたが自分のことを飽きっぽいと感じているとしたら、今まで本当に楽しいことに出会っていないからです。

大好きなことをやって成功している人は、例外なくパワフルで情熱的です。それは、彼らが深いところから湧き上がってくる情熱を上手に使っているからです。

大好きなことをやって生きるために、必要なたった1つのもの

ここまで読んできて、もうあなたは、「自分が大好きなことをやったら、どうなるんだろう」と、自分の未来の姿を一度は思い浮かべてしまったことでしょう。

それは、「頂上に雪をかぶった富士山を思い浮かべないでください」というのと同じです。もう、聞いた瞬間に、それを思い浮かべてしまったはずです。

私は、「大好きなことをやっていく人生に必要なものはない」と言いましたが、1つだけあります。

それは、「好奇心」です。

一番大切なのは、自分に対する好奇心です。「本当に自分らしく生きるとした

大好きなことで生きるのに、必要なもの、必要ないもの

~~お金~~　~~才能~~　~~時間~~　~~勇気~~　~~やる気~~

これらは、全部いらない！
必要なものは、たった１つ……。

↓

好奇心

ら、いったい自分はどんな人物になるのだろう」という好奇心です。

何にでも興味を持つ人は、心が柔らかい人です。そういう人は、人との出会いにも熱心です。好奇心から次々と自分のやりたいことを追いかけていくうちに、自分の選んだ分野でも結果を出せるようになります。

落ち込んでいるときに、人は好奇心を持てないものです。

もしあなたが小さい頃、好奇心を持っていたのに、今、好奇心を持てない状態になっていたとしたら、まずはそのあたりから始めてみましょう。

第3章

大好きなことは
どうやって見つけるのか？

あなたは、もう大好きなことを知っている

「自分の好きなことがよくわからない」という人に、お伝えしたいとっておきの秘密があります。

それは……、

「もう、あなたは自分の大好きなことを知っている！」

という事実です。

実は、あなたはすでに、自分の大好きなことをよく知っています。ただ、知らないふりをして生きているだけです。

「いや、そんなことはない！」と強く否定する人をこれまでに私は何百人も見てきました。私自身もそうでしたから、よくわかります。

しかし、今からお話しすることを冷静に聞いてください。

あなたは少なくとも、自分が何が嫌いかはよく知っています。

どうでしょうか？

好きなことはわからなくても、嫌いなことはわかっていませんか？

でも、それは当たり前のことです。自分のことなのですから。自分がどういうときに喜び、楽しみ、うれしいと感じるのか、あなたが一番よく知っているはずです。

ですが、盲点ということもあります。そういうときは、鏡を使ってみればいいのです。その使い方を教えましょう。

あなたの親しい友人は、どういうことに興味を持っていますか？

あなたのまわりには、あなたと趣味や考え方が似ている人が自然に集まります。友人たちがみんな本好きなら、あなたも本が好きな可能性があります。みんな映画にはまっていたら、あなたもそうでしょう。みんな山登りをやっていたら、あなたも山を愛している可能性が高いです。

もう一つ、友人に助けてもらう方法があります。

あなたが何をしているときに楽しそうに見えるか、まわりに聞いてみればいいのです。

このやり方を教えてもらったのは、もう20年も前の話になりますが、さっそく自分もやってみました。友人をつかまえて聞いてみたのです。すると、私自身がびっくりするようなことを言われました。

「本が好きなんじゃないの？」と言われたのです。

自分としては、本が好きな人間はどこか問題があって、暗くて人付き合いが悪いタイプだと信じていたので、自分がまさかそんなカテゴリーに入れられるとは思ってもいませんでした。そして、抗議したい気持ちが出たほどですが、たしかに、本をずっと持ち歩いているし、話題も最近読んだ本のことが多いような……。

やばい！　実は、本が好きなのかも!?

別の友人にこのことを話すと、「そんなこと、知ってたよ。だって、学生時代のお前のアパートは、壁のすべてが本になっていたじゃないか」と言われました。たしかにそうでした。「自分は本が好きだ」という当たり前のことに気づいた衝撃的な瞬間でした。

本に関係して生きていきたいと考えるようになるまで、それから、また10年の時間が必要だったわけですが、今から思えば、自分の人生の分岐点の一つだったと思います。

魂の記憶喪失から目覚めるとき

他人から見ると明らかでも、当の本人にはさっぱりわからなかったりします。大好きなことは、パートナーシップと似ています。なぜなら、「好き」「嫌い」という感情が関係してくるからです。

ライフワークを見つけられた人は、愛も人生で見つけています。逆に愛を見つけられない人は、大好きなことも見つけられないまま、無味乾燥な人生を送っている可能性が高いでしょう。

それは、心が弱っているからです。

もっと正確に言うと、「楽しい！」とか、「うれしい！」とか、「愛している！」と感じる回路が相当弱くなっているのです。

あなたが最近、心から「楽しい！」と思ったのは、いつ頃のことでしょう？

そして、それは、あなたが何をしていたときですか？

そういったことを一つずつ思い出しては、「ああ、あのときの僕はうれしかった」「あのときは、苦しかった。悲しかった」など、自分の感情をしっかり認識してあげることです。心のリハビリと言ってもいいかもしれません。そのうち、心が元気になってくると、自然といろんなことに好奇心が出てきます。

あなたがやっていることは、絶対に無駄にならない

大好きなことを見つける前に、あなたが今やっていることは、絶対に無駄にならないということもお伝えしたいと思います。

今の仕事に満足していない人は、「今やっていることは嫌いだ。こんな無駄なことはやりたくない！」と思っているかもしれません。

しかし、人生に無駄なことなんて、何一つとしてありません。

大好きなことをやって生きていく上で、これまで無駄だと思えたことがすべてあなたの栄養になったということが、後々わかってくるでしょう。

第一線で活躍している人たちにも、いろいろな下積みの時代があって、その時代があったからこそ、今の才能が花開いているのです。

たとえば、俳優や歌手として活躍している人たちが、複数のアルバイトを経験したり、会社員だったりしたというのはよくあることです。

後に作家になる人が、サラリーマン時代に出会ったさまざまな人物、たとえば、とても嫌みな上司を漫画や小説のネタにすることがあります。そのときは暗いサラリーマン生活でも、後から考えると、そのときの貴重な体験は、取材活動の一環だったといえるでしょう。ただ、取材を先にやっていたにすぎないのです。

作家の場合にかぎらず、お店や会社を経営するときも同じです。嫌な上司について初めて、人間関係の難しさを学べたのです。本当にすてきな人に出会わなければ、そのありがたさや楽しさもわかりません。ボーナスが出る、出ないというインパクトも、社員の立場を経験しなければわからないでしょう。

そういった意味で、あなたがやっていることは、まったく無駄にならないのです。

だから、「今」を楽しむという感性が重要になってきます。今やっていることがどのように役に立つのかわからないけれど、せっかくやるなら楽しもうという感性が、実は大好きなことを見つける最短距離でもあるのです。

人は、どのように好きなことと出会うのか？

では、人は、どんなパターンで自分の好きなことに出会っているのでしょうか。今までたくさんの方々にインタビューしてきた中でわかったことをお伝えしましょう。

①ごく小さい頃に出会う

これには、一部の天才や早熟タイプの人たちが当てはまります。小学生の頃に将棋チャンピオンになったとか、大リーグを目指したといったタイプです。

彼らは、ごく小さい頃から非凡な才能を発揮して、成功しています。

ちびっこ天才少年、少女としてテレビに出てくるのは、こういうタイプです。

また、両親の仕事を見て、将来それをやってみたいと思ったという早熟な子どもたちは、このタイプに当てはまるでしょう。

②本や雑誌、テレビで見つける

本や雑誌で読んだり、テレビで特集番組なんかを見て、「この仕事やってみたい！」と思ったという人はたくさんいます。

ハワイでエステティシャンをやっている人とか、北海道の牧場でチーズをつくる職人さんの仕事なんて、テレビや雑誌でないと知ることはできません。

しかし、おもしろいもので、そういう特集をたまたま見て、「ああ、あれは、将来の自分の仕事だ！」と直感的にピンとくる人もいるのです。

普通の人がさまざまな職業を知るチャンスは、なかなかありません。両親や親戚の職業以外にどんな仕事があるのか、あまり想像力も働かないのが普通でしょう。

でも、タウンページをペラペラッとめくってみると、たくさんの種類の仕事があります。先日、部屋にあったタウンページをなにげなく見ていると、一見するとよくわからない職業がいっぱいありました。

③人の紹介で出会う

人の紹介で将来のライフワークと出会うというパターンもあります。

「こういうことをやってくれない？」という依頼が来たり、仕事を紹介されるといったことがすべての始まりになったりします。

最初は、「そんなのやったことがないから無理だ！」と思ったのに、実際にやってみたらすごくスムーズにできた。それどころか、みんなすばらしいと言ってくれたという体験がきっかけとなって、そちらが本業になっていくタイプです。

これも不思議な偶然ですが、実際にはよく聞くパターンです。

こればっかりは運命的なことで、コントロールできない感じもしますが、出会いを求めている人のほうが、出会いの確率も増えてくるのは当然です。

④直感的にわかる

「医者になろう！」と直感的に決めたり、「花屋になろう」「歌手になろう」と決めて、その職業を選んだ人たちがいます。彼らは、理性で決めたのではなく、ピンと来たといいます。有利、不利で決めたわけでもありません。

興味深いのは、この直感は、ごく個人的なものだということです。本人に聞いても、「ただ、わかったんだ」としか教えてもらえません。

たとえば、結婚する相手と最初に出会ったときに、「あ、結婚する人だってわかった」という人もいれば、ぜんぜんピンと来ないという人もいます。

ふだん直感を感じない人でもそれは起きるようなので、今はそんなもんかなぁぐらいでいいと思います。でも、直感が来たとき、否定できない力を感じるようです。

求めると、出会いはやってくる

では、今、実際に大好きなことをやって成功している人は、どうやって大好きなことを見つけたのでしょうか？

驚かれるかもしれませんが、ほとんどの人が、本当に偶然で出会っているのです。

たまたまバイトでその仕事をやった。親戚のおじさんから声をかけてもらった。

先輩に誘われた仕事が楽しくて、そのままはまったなど、ほとんどの場合が偶然です。

偶然に興味をひかれたものに素直に身を任せて、二つ、三つ、四つの職場を経験していく流れの中で、大好きなことを見つけているのです。

しかし、適当に生きていて、見つかるわけでもありません。やはり、ふだんから何かを求めるような人に、それは引き寄せられやすいと思います。

声をかける側にしても、ボーッとしている人より、この人は何か光るものを持っているという人に声をかけるでしょう。あなたが強く求めれば、きっとチャンスはやってきます。私の場合もそうでしたし、そう語る人たちに、数えきれないぐらい出会ってきました。

そのチャンスの種は、ごく日常の生活の中にあります。

たとえば、ふだんついついついやってしまうこと。

本をついつい読んでしまう。人の講演を聞きに行ってしまう。セミナーを受けたりするのが大好きだ……。

そのとき、本人は、将来それをやっていく準備をしていることに、まだ気づい

あなたが心からワクワクすることは何ですか？

質問1 あなたが心からワクワクすることを1つ挙げてください。

質問2 あなたの趣味は何ですか？

質問3 あなたが仕事や家族以外でやっている活動があれば、書いてください。

質問4 あなたのまわりにいる、会うだけで楽しくなるような人を何人か挙げてください。

ていません。

たとえば、週末ごとに料理を食べに行ったり、料理をするのが好きという人は、自分で料理をやるか、レストランをやるか、料理の批評をやるか、そのいずれかの可能性があります。

ダンスが好きな人は、ダンス教室をやったり、あるいはダンスを見に行くツアーを企画したり、その周辺にライフワークがある可能性があるでしょう。

自分の大好きなことをやっていくと、自然に不思議な出会いがやってくるのです。

あとは、それをどうやって大好きなことに抽出していくのかが大切になってきます。

シンクロニシティと大好きなこと

大好きなことをはっきりと形にしていくためには、「シンクロニシティ」が大切になってきます。

シンクロニシティとは「不思議な偶然」ですが、その不思議な偶然をどうやって読み解いていくのかが重要になってきます。

「なぜか、急に料理番組ばかりが気になるようになった」

「なぜか、フラメンコばかりが目に入る。雑誌を開いていても、テレビをつけてもフラメンコばかりやっている」

といった偶然が、あなたにサインを送っていることを知っておくべきでしょう。

1日3回もフラメンコの情報を聞いて、その前ふりのあとに、友人から「フラメンコ一緒に習ってみない」と誘われたとしたら、絶対に行ってみるべきです。

なぜなら、そこですてきなパートナーと出会ったり、あるいはその場自体がとても楽しかったりするからです。

フラメンコがライフワークかどうかわかりませんが、その気になる方向に行ってみるのが、大好きなことに近づく一歩になります。

フラメンコはたった3回で嫌になるかもしれません。しかし、そのフラメンコ教室に来た人と知り合って、ビジネスをするかもしれないのです。

人生には、そういう不思議な偶然がいっぱいあります。おもしろそうだなと思ったり、人に誘われるものは、とにかくまずやってみることをおすすめします。

一つのきっかけが、あなたをどこへ導くかわかりません。その可能性をもっと自分の中に広げようという意識を大事にしてみてください。

才能の原型とは?

才能を考えるとき、わかりやすい考え方として、原型というものがあります。

それは、人の性格を分類していく上で、とてもわかりやすいものです。

たとえば、「あの人は、いつも女優気取りね」とか、「あの人は、根っからの商売人だ」「あの人は、マザー・テレサみたい」という言葉は、日常的にも使っていると思います。

その言葉の中に、才能の原型のヒントがあります。

女優という原型を持っている人は、気品と魅力を持っています。そして、それを上手に自分の中で所有できると、まわりの人は、彼女の気高さ、美しさに触れて感動したり、憧れたりします。

逆に、それをうまく統合できていないと、プライドが高くて、嫌みな人になってしまいます。

これらの原型を感じたり、見るのに、特殊な才能はいりません。

あなたも、学校のクラスメート、クラブ活動の仲間、会社の同僚、取引先、近所の人、親戚などの顔を思い浮かべれば、何人かすぐに原型を言い当てられるでしょう。

自分の原型を思い出す

大好きなことをやるときに、自分の原型を思い出していきます。これは、自然に起きるプロセスで、意識しなくても自動的に起きることです。

私の知り合いにヒーラーになった人がいますが、大きな会社で普通の事務をやっていました。しばらくぶりに会ったときに、全然違う感じになっていたのを見て、びっくりしたことがありました。

彼女は、普通のOLから、美しい、人を癒す女性に変身していたのです。彼女は、自分のヒーラー（人を癒す）という原型をしっかり自分のものとして所有し、大切に育てていったのでしょう。

どんな人の中にも、複数の原型があります。

あなたには、どんな原型があると思いますか？

◎ビジネスマン
◎コンサルタント
◎職人
◎研究者
◎政治家
◎軍人
◎リーダー
◎医者
◎スポーツ選手
◎設計士

あなたの「才能の原型」を見つける4つの質問

質問 1 自己紹介のとき、あなたは自分のことを「どんな人」だと伝えますか？（例：経営者、クリエイター、カウンセラー、営業マン、OL、主婦など）

質問 2 あなたの、まるで「◯◯のようだ」に当てはまるものは何ですか？　今までにまわりの人に言われたことや、自分で思いつくものを書き出してください。

質問 3 誰のどんなところを見たときに、「すごい」と感じますか？
そこに、何の才能の原型を見ているでしょうか？

質問 4 特にがんばったわけでもないのに自然と上手にできたことや、まわりからよくほめられることは何ですか？
そこには、どんな才能の原型があると思いますか？

◎アーティスト
◎ヒーラー
◎カウンセラー
◎聖人

挙げていけば、きりがないぐらい、いろんな才能の原型があります。

自分の才能の原型をかけ算する

あなたの中にいろんな原型があることに気づいたと思います。

原型は一つというわけではありません。自分の中に複数の原型が見つかったでしょう。この組み合わせがあなたの魅力になります。

私の場合、講演者、哲学者、ヒーラー、コメディアン、政治家、ビジネスマン、パフォーマーなどの原型の組み合わせを使って、ライフワークに使っています。

私の講演やセミナーでは、たくさん笑いがあり、泣く人も大勢います。お金や

才能をパッケージ化する

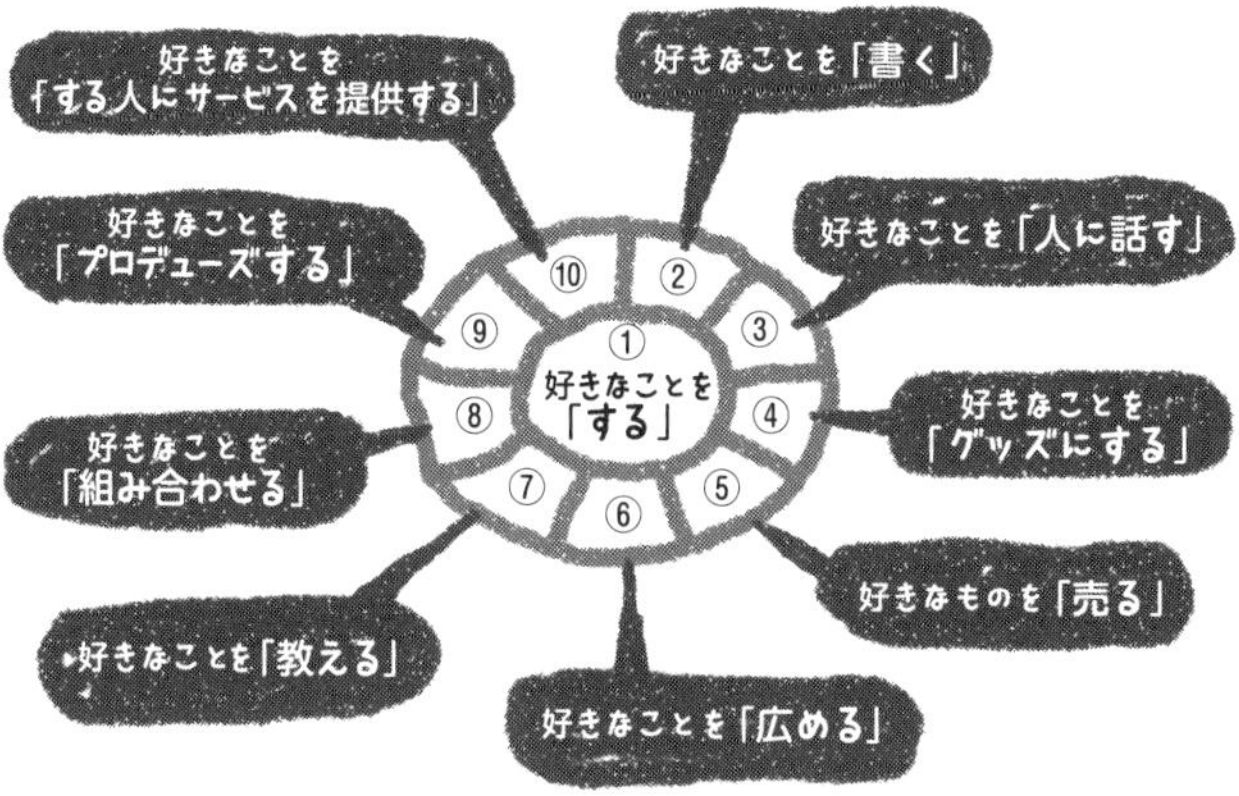

ビジネスがテーマなのに、参加者が死ぬほど大笑いしたり、号泣することは珍しいのではないでしょうか。

それは、私の中にあるヒーラーやコメディアンが、その癒しを引き起こしているのだと思います。また、私の講演を聞いている最中に、新しいビジネスモデルを思いついて、何億円も稼いだ人もいます。それは、私の中に、お金を上手に儲けるビジネスマンの原型があるからです。

いつもおもしろいと思うのは、同じ講演なのに、泣く人と笑う人、ビジネスのネタを思いつく人、父親との癒しを体験する人、アート作品のインスピレーションを得る人が同時にいることです。

私の多面的な才能の使い方がそれを可能にしているのだと思います。作家として10年やってこれたのも、この多面的な活動のおかげです。普通のビジネス書だけを書いていたら、3冊で読者に飽きられてしまったことでしょう。

今でこそ、ようやくいろんな才能を使えていると感じる私ですが、20代の頃は、自分の中途半端さに泣いていました。会計の知識も中途半端、英語力、交渉力、プレゼン力、コンサルティング力、文章力、ヒーリング力など、どれも二、三流レベルだったと思います。一流の人たちと比べて、「やっぱり、自分にはたいした才能がないんだ……」と落ち込むこともよくありました。

ところが、そのさまざまに散らばった才能をかけ算し始めたところ、奇跡が起きました。いつのまにか、オリジナルな空気感が出始めたのです。これには、自分が一番驚きました。

才能のかけ算の魔術です。

子ども時代の自分を思い出す

日常的に大好きなことをやらなくなった大きな理由の一つに、過去の手痛い失敗があります。古くは小学校にさかのぼるぐらいです。

たいていの人の場合は、大好きな野球で挫折した、音楽のコンクールに落ちてやる気をなくした、などのトラウマがあるようです。

ひょっとしたら、そう聞かれるまで、何十年も忘れていたかもしれません。でも、何かに挑戦しようというとき、そのトラウマが出てきてしまいます。

そのときの痛みが癒されないと、やる気が出てこないのです。あのとき感じた敗北感をまた感じさせられるのは、二度とごめんだと思っているからです。

大人になって、大好きなことをもう一度やってみようという気になったとき、この部分を避けて通るわけにはいきません。

あなたには、過去に「やりたい！」と思っていながら、ついにできなかったことはありますか？

あなたが子どもの頃、どんな子どもだったかを思い出してみることから始めてみてください。

きっと、家に帰るのも忘れたり、時間が経つのを忘れるぐらい熱中した何かがあったはずです。

教育システムに個性を押しつぶされる前、あなたには輝く何かがあったはずです。それを思い出すことで、あなたの才能の原型が出てきます。

ライフワークという考え方

私は、大好きなことを追いかけるうちに、ライフワークというコンセプトに出会いました。

ライフワークとは、あなたが生まれてきた目的です。それをやるために、あなたには、必要な才能がすべてセットで与えられていると私は考えています。

たとえば、教育システムを変えることが、あなたのライフワークだとしましょう。

すると、あなたには、教育者、カウンセラー、リーダー、政治家、コミュニケ

才能を見つけるきっかけの10の質問

質問1
つい時間があったら、やってしまうこととは何ですか？

質問2
意識しなくても自然とできることを1つ挙げてください。

質問3
現在、あなたがやっていることで、誇らしく感じられることはありますか？

質問4
何かを考えたり、つくったりしているときに、インスピレーションのようなものが湧き上がってきた体験はありますか？ もしあったら、詳しく書いてください。

質問5
人のために愛情を込めて、何かをやったことがあれば、その経験を書き出してください。

質問6
自分が得意なことで人を喜ばせた経験があれば、それを書いてください。

質問7
自分の得意なことで、人の心を癒やした経験があれば、それを書いてください。

質問8
自分の好きなことで、人を感動させたことがあれば、教えてください。

質問9
あなたの中に人の感情に揺さぶりをかけて、ダークサイドを引っぱり出すという才能があれば、書き出してください。

質問10
苦しい体験を通して、自分の意外な一面を発見したことがあれば、教えてください。

ーター、哲学者などの才能が与えられているはずです。それを一つずつ発見して、磨いていくことで、あなたはどんどん輝いていきます。

すべてが同時に花開くわけではなく、ロールプレイングゲームのように、ステージをクリアするごとに、才能のアイテムが増えるような感覚だと理解してください。

ライフワークは、単なる仕事ではありません。

ライフワークを見つけようと思っても、見つけるのは難しいでしょう。なぜなら、ライフワークは感じるものだからです。あなたらしさが、その活動をやっているうちに、あふれ出すように出てくるのがライフワークです。料理をつくること、人と人をつなぐこと、人前で話すこと、その形は人によって全然違うでしょう。また、その形は一つだけとは限りません。

でも、その人にしかできないようなやり方、あり方がライフワークです。拙著『「ライフワーク」で豊かに生きる』（サンマーク文庫）という本に体系的に書いていますので、興味ある方は読んでみてください。

あなたのライフワークがわかったら、あとは、すべて自動でドラマが展開していきます。いったん始まったら、誰も止められないプロセスです。そして、それが目の前で展開していくときに、不思議なことがいっぱい起きていきます。もちろん、まったく努力しなくてもいいというわけではありませんが、努力している感覚なしに、進んでいくといった感じです。いわゆる波に乗っている感覚とともに、ワクワクして前に進むようなイメージです。

両親や祖父母の職業から見つける

あなたの大好きなことやライフワークを見つけるヒントは、興味深いところにあります。

たとえば、あなたの両親や祖父母の仕事を調べてみましょう。

代々医者だったというのはわかりやすい例ですが、そうでなくても、いろんなことがわかったりします。

たとえば、父方の親戚は学校の先生や研究者が多いのに、母方の親戚は商売人やビジネスマンが多いとしましょう。

すると、ビジネスを研究したり、教えたりするコンサルタントがあなたのライフワークだったりします。人に教えること、ビジネスをすることの才能のミックスというわけです。

大好きなことが見つかると、人生が動いてしまう

あなたの大好きなことには、あなたの意識が向かうものです。

具体的に言うと、あなたが時間とお金を使っている活動です。ふだんの生活でついお金を使ってしまうことです。

気がついたら時間をかけていることもあなたの大好きなことです。誰にも言われていないのに、ついやってしまうこと、それがあなたの大好きなことです。

ここまで読んで、「やばい！　見つかってしまった」と感じている人もいるでしょう。そう、本当に大好きなことが見つかってしまったら、「やばい！」のです。

それは、なぜでしょう？

仕事選びは５つの円の中心を狙おう

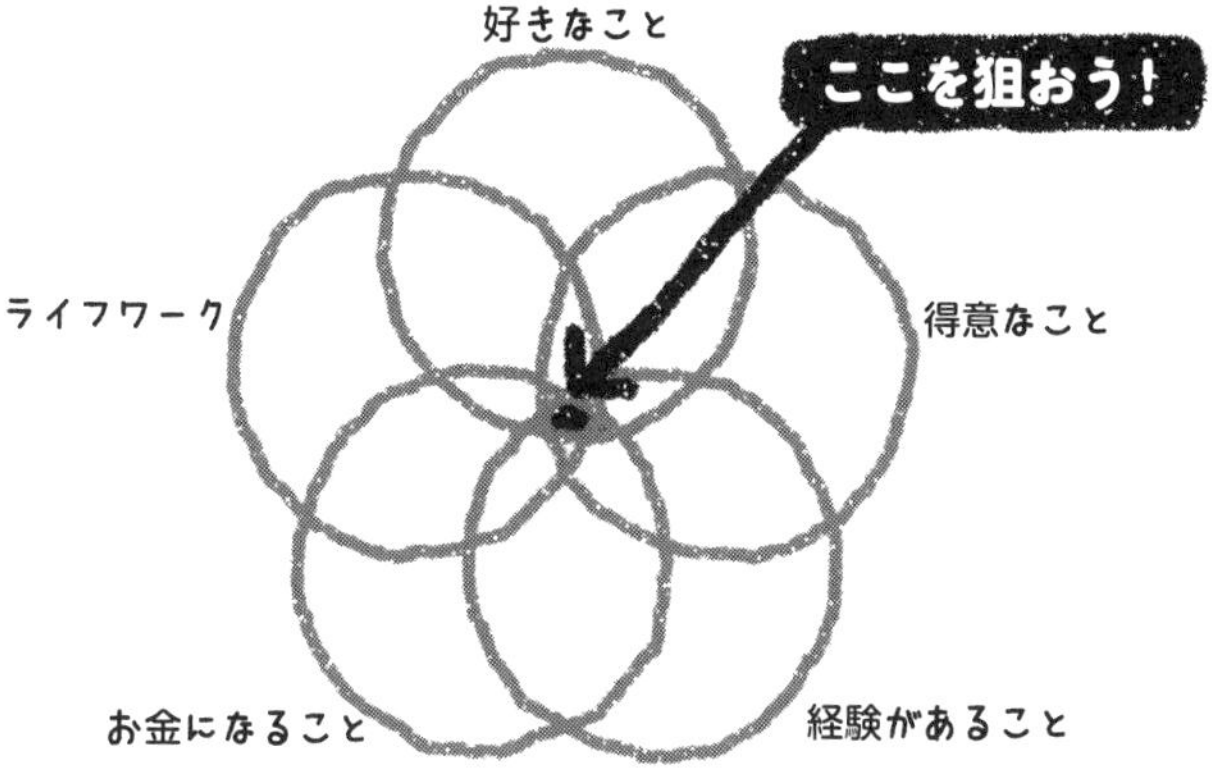

大好きなことが見つかってしまうと、人生が変わってしまうことをあなたは知っているからです。

どのように変わるのかはわからないかもしれません。しかし、大きく変わってしまうことは知っているのです。だから、できるだけ、見て見ぬふり、わからないふりをしてきました。つい10分ほど前まで……。

しかし、もし自分の好きなことに気づいてしまったら、いろいろと考えなければならないことが出てきます。

今の仕事をどうするか、貯金をどう使うか、家族との関係、パートナーとのバランスなどです。

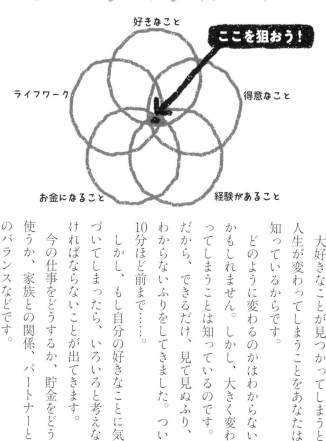

才能を見つける道は、バラ色だけではない

才能を見つけさえすれば、あとは何の問題もないと思ったら、そんなに事は簡単ではありません。

ライフワークを生きる過程では、いくつもの落とし穴があります。経験上、どんな落とし穴があるのかについて話していきましょう。

①才能のなさに落胆

自分の大好きなことを発見したものの、その分野で勝負するにはあまりにも才能がなさすぎるというのが、みんな体験することです。

今、第一線で活躍している人のほとんどが、自分の才能のなさに一度や二度は絶望しています。

②夫婦、家族のバランス

夫婦のどちらかが自分らしい人生を生き始めると、夫婦や家族のバランスを崩しがちになります。それは、自分のほうが先に行っていると勘違いしたり、置いていかれたと感じて、落ち込んだり嫉妬したりするからです。

お父さん、お母さんのどちらかがポジティブになりすぎると、その影響はお子さんに及びがちです。

引きこもりの子どもがいる家庭では、たいてい両親のどちらか、あるいは両方が超ポジティブで、家にいないことが多いものです。

大好きなことをやるといいことばかりだと思いがちですが、家族全体でバランスをとることについては、考える必要があるのです。

③まわりへのいらだち

あなたが大好きなことをやって生きようとすると、必ずと言っていいほど、まわりとの軋轢が生まれます。

なぜなら、普通の生き方と大好きなことをやって生きるのとでは、あまりにもノリが違うからです。

好きなことをやっているあなたは輝いている一方、まわりにはワガママに見えるからです。特に、同僚、上司は、嫉妬も含めて、あなたにいろんなことを言ってくるでしょう。また、そういう保守的な彼らに対して、あなたも批判的になります。

その一つのサインが、まわりへのイライラです。そういう感情が出てきたときは、「生き方の違いによる摩擦なんだなぁ」と思えると楽になります。

④自信を失う

最初は調子良くいっていたのに、途中でガクンとスランプ状態に陥ることがよくあります。そのときに、「あれれ、ちょっと調子悪いなぁ」というぐらいに思えると次に行けるのですが、ここで立ち止まってしまう人がいます。

やっぱり、大好きなことなんて仕事にするべきではなかったとか、自分には才能がなかったと感じてしまうのです。

⑤傲慢さ

先ほどまでにお話ししたステージをすべてクリアして、いろんなことがうまくいくようになると、急に傲慢になってしまう人がいます。

ライフワークが順調に進むと、これまでの自信がない自分と真逆になって、「自分はすごい！」と天狗になってしまうのです。

本当は、たくさんの人の協力でそれが可能になったのに、ついついその感覚が麻痺してしまうのです。

⑥両親への怒り

両親に対しての怒りも、大好きなことをやっていく過程で多くの人が経験します。子どもの頃、「英語を習わせてくれていたら」「絵の教室に行かせてもらっていたら」などの思いが噴き出すからです。

ライフワークを本気でやり始めると、その世界での秀才、天才たちと出会うことになります。彼らの多くが、10代の初めからその世界にどっぷりつかっていたりします。すると、20代になってからやり始めた自分がいかにも遅れていて、いけてない感じがして、怒りの矛先は両親に向けられることになります。

こうやって見てくると、大好きなことをやって生きると、すべてがバラ色になるというわけではないことがおわかりいただけたでしょう。

それを察知して、大好きなことが見つかるとやばいと思ったのではありませんか?

また、大好きなことをやり始めると、成長のストレスが多くなります。

なぜなら、「どうして、もっとしっかりできないんだろう?」「なぜ、お金にできないの?」といったように、自分に対してイライラするからです。

また、思うようにいかないこともたくさん出てきて、普通の生活をしていたときより、ずっとストレスが多くなります。

しかし、この種のストレスは、「成長痛」のようなもので、決して不快なだけのものではありません。痛いけど、自分が前に進んでいる、成長しているという実感があるからです。

あまり痛みを感じずに、普通の人生を生きるのか、成長痛を感じながらも、自分の可能性に挑戦したいかは、あなた次第です。

第4章

大好きなことへの移行期をどう乗り切るか？

「大好きなこと」にどれくらいの時間を使うか

大好きなことが、おぼろげながら見えてきた。そして、「できたら、将来好きなことをもっとやってみたい」と感じ始めた人もいるでしょう。

しかし、実際には、会社員の人は会社に行かなければならないし、自営業の人なら、クライアントとのアポイントがあり、店のオーナーには、開けなくちゃならないお店がある。好きなことなんて、寝言を言っている場合じゃないよと思うかもしれません。

そういう場所から、どんな一歩を踏み出すかで、あなたの人生は変わってきます。大好きなこととどのような距離をとるのかは、その人の考え方、人生観によります。

公務員をやりながら、平日の6時以降と週末に大好きなことをやるというのもありだと思います。あるいは、フリーランスとして、半分は生活のための仕事、もう半分は楽しみの仕事というスタイルもあっていいでしょう。

要は、あなたがどれくらい自分の好きなことを中心に生きたいかによります。

私が学生時代に英語を勉強し始めたとき、メンターの一人に、「どれだけうまくなりたいの？」と聞かれたことがありました。旅行先でトイレがどこかを聞ければいいのか、日常会話レベルでいいのか。それとも、込み入った話ができるレベル、あるいは、通訳できるレベルまでいきたいのか。それによって全然やることが違ってきます。

大好きなことも、週末でやれれば十分ぐらいの人もいる一方で、プロとして生活していきたいという人もいるでしょう。また、ライフワークで経済的に成功したいとなると、ずいぶん取り組み方も違ってきます。

大好きなことを趣味にするか、仕事にするか、悩ましい選択

私が20代の頃、メンターにこう言われたことがあります。

「大好きなことを仕事にしたらいけないよ」

それを聞いて、すごく動揺しました。ちょっと前に、もう一人のメンターに、「好きなことを仕事にしなさい」と言われていたからです。

混乱しながらも、「どうしてですか？」とおそるおそる聞いてみました。

すると、理由を説明してくれました。

彼が言うには、「大好きなことは、楽しみのためにとっておかないといけない」から。

しばらくして、ディズニーランドでバイトをしていた友人と話す機会がありました。

少し前まで、「ディズニーランドで働けるなんて、夢みたいだよ」と言っていたのに、数カ月ぶりに会ってみると、どうも浮かない様子です。

「どうしたの？」と聞くと、

「実は、ディズニーランドでの時間がつまらなくなった。ミッキーの着ぐるみには友達が入っているのを見たし、裏舞台を知ってしまった。彼女とプライベートで来ても、仕事モードになって、ディズニーを純粋に楽しめなくなった」というのです。

同じことは、映画関係者からも聞いたことがあります。

みんな映画に憧れて、映画製作関係の仕事に就くわけですが、実際に業界に入ると、あまりにもたくさんのことがありすぎて、日常の業務に忙殺されてしまう。そして、あれだけ大好きな映画を観るときも、カメラアングル、脚本、演技、キャストなど、映画の内容以外のいろんなことが気になって楽しめなくなってしまうというのです。

ディズニーランドを楽しめなくなった友人に会った夜、私は迷いました。

「ひょっとしたら、好きなことは、楽しみのためにとっておいたほうがいいのかも」

それから機会があるごとに、好きなことを「趣味にしている人」と「仕事にしている人」それぞれにインタビューして回りました。そのどちらもが、幸せに生きているのを間近で見させてもらいました。

結局のところ、どうしたいかは、その人の価値観次第ではないかと思います。

9時から5時まで公務員として働いて、それ以外は趣味の時間に使うという生き方もありだし、ライフワーク中心の生活をしてもいいのです。

大好きなことをやりだしても、いつのまにか雑用に追われて、結局ほとんど自分の時間がとれない自営業の人もいます。

二つの人生を比べたら、公務員型の生き方のほうが、リスクもストレスも少ないかもしれません。また、会社勤めをしながら、大好きなことをするという選択肢もありかと思います。

そうはいっても、1日24時間を好きなことに使いたいと思う人もいるでしょう。いずれにしても、将来的に大好きなことを仕事にしたいと考えている人は、この過渡期をどう乗り切るかが鍵になるでしょう。せっかくライフワークをやろうと思っても、この過渡期をうまく乗り切れず、あまり好きでない仕事に戻る人もたくさんいます。


私の過渡期の話をしましょう。

私の大好きなことは、人前で話したり、人生の気づきについて文章を書くことでした。そういうことを中心に生活できたらなぁと、頭の片隅では考えながらも、とてもそんなことで生計が立てられるとは思えませんでした。なので、会計と経営コンサルティングの仕事をやって、悶々としていました。

しかしあるとき、とにかく、もっと大好きなことをやって生きようと思ったのです。それが経済的に成り立つかどうかは、二の次です。

とにかく楽しいんだから、思いきってやってみよう！　と思ったのです。この感覚がとても大事だと思います。

私の場合は最初、セミナーという形をとることにしました。自分がたくさんの人前で話すところはイメージできたので、「絶対うまくいく！」と信じていました。しかし、実際にやってみると、さんざんな結果になりました。たとえば、30名も入る会場を借りたのに、申し込みは5名ということもありました。

ですが、めげずにそれをやっているうちに、それが口コミで人気になり、キャンセル待ちが出るほどになりました。そのうちに、いろんな場所から講演の声がかかるようになり、ライフワークが広がっていったのです。

大好きなことをやろうとする人の多くが、途中でやめてしまいます。特に、最初のトライでやめてしまっています。いや、ひょっとしたら、トライする前からあきらめている人も多いかもしれません。

何かをやって、それがうまくいかなければ、元の仕事に戻ってもいいのです。

でも、1回もトライしないのは、もったいないと私自身の体験から思います。

趣味が仕事に変わるとき――プロとアマの違い

大好きなことを仕事にしたいという人はたくさんいます。

しかし、その中でちゃんと生活できる人は、ほとんどいません。

スポーツ、ビジネス、芸能の世界でも、アマチュアが多い中でプロになれる人はごくわずかです。

それは、なぜでしょうか？

それだけの価値を提供できる人が少ないからです。本人がいくら楽しいと言っても、お金を喜んで払う人が現れなければ、それは、単なる趣味です。

プロとアマの最大の違いは、プロはどんなときにも結果を出さなければいけないことです。たとえば、プロ野球選手であれば、試合ではいつもヒットを打って、ファンを喜ばせなければなりません。

絵を描いて展覧会を開いたとします。趣味であれば、描いた本人が満足できれば、それで十分です。その絵を見た人がインスピレーションを感じて、お金を出してでも手に入れたいと思うかどうかが、プロとアマチュアの分かれ目です。

では、趣味が仕事に変わる瞬間は、いつなのでしょうか？

それは、ただ楽しいだけでやっていたことが、まわりに評価され、お金を払ってもいいからお願いしたいと言われ始めるときです。

突然、それはやってきます。

「講演してくれませんか？」「コンサルティングをしてくれませんか？」「今度のパーティーで、料理をつくってくれませんか？」「雑誌に記事を書いてください」「今度ステージで歌ってくれませんか？」

その依頼に、あなたは戸惑うかもしれません。そして、「ええ⁉ 自分にできるだろうか？」とドキドキするでしょう。

でも、そのときに尻込みしていては、チャンスの神様は行ってしまいます。

あなたに見えたチャンスは、あなたのものです。

自分に来たチャンスは「きたぁ〜。つかまなくちゃ」と思って、飛び込んでいってください。きっと、そこから、おもしろいドラマが展開していきます。

結果的にうまくいかなかったとしても、その失敗が経験になって、未来に生かされていきます。

ドキドキしたとき、怖いときは、前に進むサインだと思ってください。

戦略的に「大好きなことをやる」人生にシフトする

「大好きなことをやって生きたいなぁ」と漠然と考えても、すぐにできるようになるわけではありません。

もし、あなたがこれまでに普通の人生を生きてきたなら、そうなる可能性はほとんどないと言ってもいいでしょう。なぜなら、世界の先進国でも90%の人が、いまだに大好きなことを仕事にしていないのです。何もプランしていないと、好きなことをやれるような環境はないことを知っておいてください。

大好きなことを中心に生きるなら、シフトさせなければいけないものがあります。それは、人生観であったり、お金や仕事に対するとらえ方、人間関係などです。

なぜなら、たとえば、お金や時間の使い方一つとっても、「普通に生きる人」と「大好きなことをやって生きる人」では、まったく異なるからです。

では、何を変えていかなければいけないのか、これから見ていきましょう。

①人生観

最初に変えなければいけないのが、あなたの人生観です。「人生は楽しむためにある」と考えるのか、「人生は修行だ」ととらえるかでは、あなたの人生はまったく違うものになるでしょう。

あなたにとって、「人生とは何か？」の定義を新しいものに変えるのが最も大事なシフトです。

「仕事」とは、「お金」とは、「パートナー」とは何かということを、一つひとつ検証していきましょう。あなたにとって「人生とは、ワクワクする体験」なのか、

「人生は、我慢の連続だ」と考えるのかでは、出会う人も違ってきます。

そういう意味では、一番大切なシフトとして、「人生観は、誰でも簡単に変えられる」と意識することから始めてはどうでしょうか。

②仕事のやり方

仕事に対する考え方や態度も、「大好きなことをやるノリ」にシフトする必要があります。それは、「仕事とは、エキサイティングで、楽しいもの」だととらえ直すことです。

もしあなたが、「仕事とは、人生で最もワクワクして楽しいことだ」と感じていなければ、自分に合っていないことをやっているはずです。本当にその人らしいことをやっていたら、やめるのが難しいからです。

たとえば、私の場合は、「パソコンから指を引きはがすようにしないと、書くのをやめる」ことは難しいぐらい、本を書くのは、楽しい作業です。

今の仕事にワクワクしないからといって、すぐに転職することはあまりおすすめできません。それは、転職先でも同じことが起きるからです。

戦略的に「大好きなことをやる」人生にシフトする

- ☑ ①「人生観」をシフトする
- ☑ ②「仕事のやり方」をシフトする
- ☑ ③「お金の使い方」をシフトする
- ☑ ④「人間関係」をつくる
- ☑ ⑤「家族」を愛する
- ☑ ⑥「感情」のバランスをとる
- ☑ ⑦「スキル」を身に付ける

なんとなくではなく、できるだけ具体的な「プラン」を描いてみよう！

なぜなら、ワクワクするかどうかは、仕事の内容ではなく、心の問題だからです。今の仕事に対して、感謝が湧いたり、楽しく感じられるか、実験でやってみてください。

ただし、あなたのことを人間として大切に扱ってくれなかったり、職場環境で虐待的な状況がある場合は、すぐにその職場を変えたほうがいいでしょう。

③お金

積み立て貯金だけで、お金持ちになる人はいません。それと同じで、普通のお金の使い方をしているだけでは、人生は飛躍的に進歩しません。「ここぞ！」というところで、お金を全額引き出して勝負しなければならないこともあります。

「お金の失敗をしたくない」と貯金通帳を握りしめていては、人生が開けません。留学や新しいことを学ぶのは、必ずプラスになります。「おもしろそうだ！」と思ったら、飛び込んでいくことをおすすめします。

ただ、投資に関しては、慎重になってください。「とりあえずお金を増やそう」という意識で投資している人の多くが損しています。

お金は、あなたとまわりの人を幸せにするためにあります。あなたがワクワクすることに使ってください。

④人間関係

大好きなことをやって生きている人の人間関係は、普通と全然違います。

携帯に入っている電話番号の数も違うし、気軽に電話をかけたり、かけてくる人たちの人数も一桁違います。

それだけ、たくさんの人に好かれて、応援されているということです。

あなたのことを「全力で応援したい」と思っている人が何人いるでしょうか？

大好きなことをやって生きる人は、自分の大好きな人と付き合っています。一般的な常識では、どんな人とも上手に付き合うのがいいとされていますが、彼らはそんなふうに考えていません。自分が大好きな人を選んで付き合うようにしています。

⑤家族

大好きなことをやっている人は、家族関係も良好です。なぜなら、人生に愛がいっぱいあるからです。

自分のやっていることを愛して、たくさんの人を愛している人が、家族を愛していないということはありえません。

もし両親に対してわだかまりがあったとしたら、ぜひ和解してください。兄弟姉妹と音信不通の場合もそうです。家族と解け合っているという感覚は、人生で最も心の平安をもたらしてくれます。逆に言うと、家族の誰かとわだかまりがある場合は、人生に緊張感を生むことになります。

⑥感情

感情的にもバランスがとれていなければ、大好きなことをやって生きていくのは難しいでしょう。

なぜなら、自分にとって一番大事なことをやろうとすると、たいていハートブレークはつきものだからです。

または、誰かに感情的に傷つけられることもあります。「あなたの作品はつまらない」「料理がまずい」「歌（文章）が下手」などと、あからさまに否定的なことを言う人も出てくるでしょう。

また、自分の才能のなさに対するイライラ、まわりが理解してくれないことへの不満など、感情的な火種はたくさんあります。そのエネルギーを、自分の人生を止めるのではなく、上手に使うことに意識してください。

⑦スキル

嫌いなことを我慢してやっていく人生に、たいしてスキルはいりません。クビにならない程度にやっていけばいいからです。

しかし、大好きなことを本格的にやっていくのなら、いろんなものが必要です。挨拶に始まり、人間関係、段取り、目標設定、マーケティング、ブランド構築などを上手にやるスキルが必要です。

もちろん、大好きなことをやって生活できればいいというのであれば、そこまでのことは必要ありません。しかし、スキルなしでは、何年その活動をやっていてもたいして成長することはなく、同じ状態になることを理解してください。

感情とどう向き合うか

大好きなことをやっていくと、いろんな感情が湧いてきます。プラスとマイナスの両方の感情の波があなたを襲い、そのたびにあなたの心は揺れることになります。

そういうときに、いかに感情とうまく向き合うかが、あなたの人生のクオリティを決めます。

社会的に成功しても、感情的に惨めな状態の人は、その富や名声のすばらしさを感じられません。

ふだん「幸せや心の平安を感じている」のか、いつも「イライラしていたり、悲しみを感じている」のかでは、まったく違う人生になります。

私たちは、ごく小さい頃を除いて、感情を感じないようにして生きています。なぜなら、悲しんだり、イライラすることはよくないと思われているからです。だから、一般的に、ネガティブな感情を感じないようにしている人が大半です。

「つらい、苦しい」といった感情はできるだけ避けたいし、「腹が立つ、憎い」という感情は、できるだけ持たないようにしています。

しかし、人間であるかぎり、ネガティブな感情を避けることはできません。なので、大多数の人は、感情を抑圧して生きることを選択するようになります。

その副作用は、プラスの感情も感じられなくなるといったかたちで出てきます。ネガティブな感情をオフにしようと思って、感情そのものの回路をオフにしてしまうと、ポジティブなものも感じられなくなるのです。

だから、「うれしい」「楽しい」「最高！」という感情も、よくわからないようになります。パーティーなどで、「やりたいことが見つかりません。楽しいことがわかりません」とうつろな表情で話しかけてくる人たちのほとんどがこの状態です。

大好きなことをやって生きる世界には、プラスもマイナスも、たくさんの感情があります。なぜなら、生命エネルギーの本質は、感情だからです。

これから、大好きなことをやって生きるときに出てくる感情を見ていきます。ネガティブなものを中心に見ていきますが、それは、私たちが無視しがちだからだと思ってください。

大好きなことをやるときに出てくる感情

では、実際に大好きなことをやっていると湧き出てきやすい感情をプラスとマイナスの両面から検証してみたいと思います。

①遠慮、罪悪感

「大好きなことをしたら悪い」と感じる人はたくさんいます。

両親や兄弟姉妹が、自分のやりたいことを人生でずっとやってきていないとしたら、自分だけ好き勝手にできないという感情にさいなまれるでしょう。

②孤独感

一人ぼっちになったような感じがします。「他の大勢と同じように生きられないのは、なぜだろう？」と自分を責めてしまいます。自分だけが違うという感覚は、孤立感を伴います。

③失敗と成功への恐れ

「失敗したらどうしよう」という不安はわかりやすいと思います。

でも、実は、失敗することよりも、成功することへの恐れのほうが大きいのです。「成功して、みんなに嫉妬されたらどうしよう？」「旦那さんとうまくやっていけるかな」という感情です。

④悲しみ

悲しみは、喪失感ともいえます。何かを失っていると感じるとき、この感情が出てきます。誰かとつながれない、何かがうまくいかないといったときに感じます。

悲しみをカバーしようとする感情が、怒りです。しばらく怒った後、猛烈な悲しみに襲われることがありますが、それはこのためです。

⑤絶望感

絶望感は、希望を失ったときに感じる感情です。八方ふさがりの感じ。何もできることがない。手も足も出ない。「未来は、きっと最悪だ」と思ってしまうときに、この感情は出てきますが、鉄壁が目の前に現れたように感じたり、深い穴に落ちて出られないといった感覚を伴います。

⑥怒り、憎しみ

「大好きなことをできないのは、親のせいだ」などと、自分を縛っていると感じる相手に対して感じるのが、怒り、憎しみです。また、自分のことを理解してくれない上司、お客さん、パートナー、世界に対してイライラしたりもします。

⑦恥

「注目を浴びるのが恥ずかしい」「うまくいかないことが恥ずかしい」「リスクを冒して必死になったり、みっともない姿を見られることが恥ずかしい」

こうした感情に共通する恥も、自分を止める大きな要素になります。

⑧嫉妬心

「うらやましい」という感情です。人にはあるのに、自分にはないと感じると、嫉妬が出てきます。大好きなことをやり始めると、嫉妬心に焼かれることが多くなります。実際にメラメラ嫉妬を感じなくても、嫉妬心が心の奥に眠る場合もあります。

⑨疑い、不安

「これでいいのか」「この道で大丈夫かな？」というのは、誰にもある疑いです。疑いの感情は、一度芽生えると次々に連鎖していきます。不安も同じような性質があって、一つの不安が次の不安を呼び込みます。

不安や疑いは、先に進んで危険なことに遭わないための本能のようなものです。

⑩無価値感

「自分には大好きなことをする価値なんてない」と感じるのが、これです。

何かをやってお金を受け取る段階になって、人のお金を払ってもらう価値はないという感情がどっと出てきます。また、自分のライフワークなんて誰も興味ないんじゃないかという気持ちも、無価値感の一つです。

⑪恐れ

恐れも、人の人生を左右する感情です。何かが怖いというのは、原始時代から動物の本能として備わっていて、サバイバルに必要な機能でした。安全な空間から出ることは、イコール、虎などの動物に襲われる危険があったわけです。

しかし現代では、過度な恐れは邪魔になります。未知なものに対する恐れが過度にあると、何も新しいことができないからです。

⑫にせものワクワク

「俺ってすごいじゃん！」「私はすごくイケている」

こうした勘違いは、自分もまわりも、不幸にします。そして、このワクワクは目の前の相手や気の弱い人には伝わりますが、それ以上に広がっていきません。このタイプの人と一緒にいると、あとでぐったりと疲れるのが特徴です。

⑬静かなワクワク

深いところから湧いてくるワクワク感が、この感情です。

このワクワクは、まわりに伝染していきます。温泉のようなもので、静かなワクワクを感じている人には、自然と人が集まってきます。自分の心の奥から、この静かなワクワクが湧き上がってきたら、あなたの大好きなことは本物です。

⑭友情、愛情

「誰かのことが愛おしい、大切だ」という感情です。

大好きなことをやっていると、愛情が高まってきます。家族やパートナー、お客さん、世界に対して、ハートがオープンに広がるような感情です。その愛情や友情があれば、自然とその人の活動は広がっていきます。それは、多くの人がその空気に触れたいと感じるからです。

⑮喜び

ただただ、楽しい、うれしいという感情です。

あなたが自分らしさを発揮したり、自分の方向性が合っていると感じるときも、このうれしい、楽しいという感情を感じます。ワクワクしているとき、その人は幸せな状態になります。そして、それはまわりに伝染していきます。なぜなら、人は幸せな人を見るのが大好きだからです。

大好きなことをやると、ハートブレークが起きるのはなぜか？

大好きなことをやると、心がボロボロになりそうで、イヤだという人がいます。

それは、本当に好きな人に告白して、ノーと言われることと似ています。自分がこれほど好きなのに、相手に拒絶されるなんてみじめすぎるというわけです。

そして、自分の価値がないような感じがしたり、死んだほうがマシだという気分になったりします。

しかし、だからといって、相手に断られるリスクを冒さなければ、相手があなたのことを好きかどうか、知るチャンスも逃してしまいます。

多くの恋愛は、このリスクを冒せないために進まないのです。大好きなことをやるときも、この片思いに似た感覚を覚えるでしょう。そのときに、怖くても、傷ついても、自分のライフワークに全体重をかけられるかです。

ハートブレークは、真剣に生きていると必ず出てきます。それは、情熱的に生きた勲章のようなものです。ハートブレークを体験しながらも、ハートを閉ざさないでいられるかどうか、やってみてください。疲れたときには、傷を癒す時間もとってあげてください。

恋愛と同じで、きっとそのうち、相思相愛の関係を築くことができると思います。

ハートブレークは、自分の才能に気づくチャンス

大好きなことを追いかけていくプロセスでは、自分の嫌いなことをやる人生とは違ったストレスを感じることになると言いました。

それは、本当に情熱を持って取り組んで初めてぶつかる壁です。ふだんの生活では絶対にそういう壁には打ち当たりません。

その壁に当たって、人生最大級のハートブレークを経験することについては、先ほどお話ししました。でも、それが起きるのは、あなたの情熱と才能がそこにあるからです。

たとえば、文章を書いていて、うまくまとまらないとき、激しくあなたは落ち込むでしょう。しかし、そこにあなたの才能がなければ、そこまで落ち込みません。ただ、「うまくできないんだなぁ」と思うくらいで、気にもなりません。

何かがうまくできないことに対してイライラしたり、落ち込むとしたら、それは、そこに自分の未開発な才能が眠っていると思ってください。

ハートブレークを感じて、そのライフワークから遠ざかってしまう人もいます。人によっては、せっかく一時期はプロでやっていたのに、ハートブレークをきっかけに、何十年も離れてしまう人もいるぐらいです。

しかし、そのハートブレークを癒して前に進むことができたら、本格的に眠っていた才能が出てくるようになります。それを見て、あなた自身が一番びっくりすることになるでしょう。

恐れを情熱に変える方法

自分の大好きなことをやり始めると、不安や恐れといった感情も出てきます。

普通だと、恐れや不安が出た時点で、「この道は違うんじゃないか？」「恐れが出るということは、間違ったかも……」と感じるのです。

でも、そこでもと来た道を引き返してしまったら、とてももったいないと思います。

恐れは、ワクワクの裏返しです。

ジェットコースターの昇りのとき、恐れとワクワクが入り交じった感情を感じると思いますが、この二つはコインの裏表なのです。それが、ポジティブになるとワクワクになり、ネガティブだと恐れになるのです。

怖くなったとき、「コワー」と叫びたくなるかもしれません。

でも、そのときには、後にびっくりするときに言う「ワァオ」をつけて、「コワァーオウ」と、英語でも話すように言ってみてください。すると、おかしくなって、笑ってしまうかもしれません。

その瞬間、恐れがワクワクに変わります。なぜなら、怖いことは、すべて「ワォー」と驚くようなワクワクすることでもあるからです。

海外旅行、転職、独立、結婚、すべて怖いことかもしれません。でも、別の視点から見ると、それはワクワクすることではありませんか？

それを「怖いから」という理由でやめてしまっては、人生がつまらなくなると思います。70代以上の人に聞いてみると、人生で最も後悔するのは、若いときに、「やりたいことがあったのに、怖くて尻込みしてしまったことだ」と口をそろえて言います。やったことよりも、やらなかったことのほうが後悔するというのです。

たとえば、片思いの相手に「好きです！」と言えなかった。海外に行きたいと思ったけれど、行かなかった。今から考えれば、無理してでも行けばよかった。そういったことが、最も悔やまれるようです。

何十年後かに後悔しないために、今、怖いことをやってみてください。最初は小さめの「コワー」からスタートして、徐々に「コワワクワク・レベル」を上げていってください。

好きなことをやっていない人が、一生気づかないこと

「嫌いなことをやっている人生」から「好きなことをやっている人生」にうまくシフトするときに、心理的な抵抗がいくつも出てきます。

その原因の一つが、「好きなことをやっていない人生」と「好きなことをやっている人生」の間には深い谷があるという観念です。

従業員から自営業へのジャンプをするときに、それを感じる人が特に多いようです。「今の会社を辞めたら、絶対に食っていけない！」という恐怖のために、前が見えなくなってしまうのです。

そして、もしジャンプしたら、絶対に谷底に落ちると思っている人が多いのです。

その地面の割れ目がたとえ1メートルの幅だったとしても、落ちて命を落としてしまうリスクがあるので飛べないと、たいていの人は尻込みしてしまいます。

サラリーマンやOLの人の感覚では、割れ目の幅は2メートルぐらいに見える

ようです。

もちろん、そのままジャンプしたら絶対に落ちるような幅です。でもそれは、恐怖がそう見せているだけだということを彼らは知りません。

割れ目伝いに歩いていくと、谷の間が狭まっているところも見つかるのです。50センチぐらいの幅のところもあるでしょう。そこを飛び越えれば、リスクはゼロです。

しかし多くの人は、一番幅が広いところから谷底を覗き込んで、「怖い、落ちたら死ぬ！」と思うのです。

そう思ってしまうのも無理はありません。

なぜなら、その谷を乗り越えて渡った人は、もうこちらには戻ってこないからです。結果的に自分のまわりには、失敗が怖くて飛ばなかった人しかいないので、「やっぱり怖いね」ということになるのです。

私の講演会でも、「この谷を越えた人はいますか？」と聞くと、一時従業員だったけれど、独立、転職した人が手を挙げます。みんな最初は死ぬかと思ったけれど、ジャンプしたらなんとかなったと言います。

ギャンブルとリスクの違い

こういう話を聞くと、なかには勘違いして興奮状態のまま、すぐに会社を辞めようとする人がいます。「今の仕事がイヤだから辞めよう、後はなんとかなるだろう」と考えるのだと思います。

しかし、そういう人は、どんどん大変な状況を引き寄せてしまいます。なぜなら、彼らは、リスクを冒しているのではなく、人生を使ってギャンブルしているからです。

何の修業もせずに、退職金をはたいていきなりお店を始めてしまう人、先物取引にはまって大損する人、海外投資詐欺に引っかかる人たちは、リスクを冒しているつもりでも、本質は、お金を捨てていることに気づいていません。

人生をルーレットの上の玉に任せきる人は、潜在意識では失敗を望んでいます。だからその状態を長期的に続けると、いつか必ず破産の憂き目に遭います。すごく運がいい人でも、10回勝ち続けたら1回くらいは負けます。そして、最後に1

回負ければ、それで終わりです。

異常な興奮状態で何かをやろうとするとき、それは、リスクではなく、ギャンブルをしようとしているのだと気づくといいでしょう。

リスクを冒すときは、頭は冷静です。どういうマイナスの可能性があるか、しっかり見極めた上で、勝負に出ているからです。

会社勤めしながら、好きなことをやるには？

ここまで読んでくると、大好きなことをやるためには、会社を辞めなくちゃいけないのかなと考える人もいるでしょう。必ずしもそうではありませんので、ご安心を。

ダムを造る、電車を動かす、飛行機を操縦する、高層ビルや高速道路をつくるなどは、自営業でできる仕事ではありません。もし、あなたのやりたいことがそういう大規模なことに関係しているなら、大きな会社に属する必要があります。

しかしながら、組織の中で好きな仕事がやれる人は少ないのも事実です。なぜなら、その人の才能を、大組織の人事部が必ずしも認めてくれるわけではないからです。ですから、会社勤めしながら大好きなことをやるとしたら、それなりのテクニックが必要になってきます。

まず、自分がやりたい仕事をどの部署でやれるのか、リサーチが必要です。そして、その部署にいかに異動するかが次のステップになります。

念願叶って、その部署に異動できても、そこで結果を出せるかどうかが勝負です。そのためには、上司や同僚とのコミュニケーションがうまくなければ難しいでしょうし、社内の力学にも精通する必要があります。

組織の中で大好きな仕事をするのなら、自分の活躍する場所を見つけて、上手に活用してください。きっと、あなたなりのライフワークも見つかると思います。

願望達成のメカニズム

夢は、それが誰かの心に宿った時点で、もう実現する可能性を持っています。

本人に関係のないような夢は、決してその人のところにはやってきません。

願望達成にはいろいろなパターンがあります。

「夢は必ず叶う」というのが私の意見ですが、叶う人と叶わない人がいます。

その違いはどこにあるのでしょう？

まず、夢が叶わない人には、夢がはっきりしていないという共通点があります。

たとえば、「将来留学したいな」と思って、それで終わりなのです。あるいは、「お店を持ちたい」「作家になりたい」「ミュージシャンになりたい」とぼんやり考えるだけで、そこから具体的に行動しないのです。

夢を達成していく人たちは、その気持ちを決して忘れません。

私には、小さい頃から夢がありました。

それは、みんなが大好きなことをやって生きる世界をつくることです。ドイツの考古学者シュリーマンの本が大好きで、彼のような人生を夢見ました。前半は実業家で、後半はリタイヤして、夢を追いかけ、本当に夢を叶えてしまうという生き方に憧れました。皆さんの中にも彼の『古代への情熱』を読まれた人もいるのではないかと思います。

私は、まず自分がそういう生き方をすることが最初のステップだと思いました。
そして、自分には「本を書く」「人前で講演する」というはっきりした夢があったので、「もうやるしかない」とある時点で覚悟を決めて、実際にやり始めました。

そういう意味で、願望達成に最初に必要なのは、「どうしてもやりたい」という抑えがたい気持ちです。

具体的なイメージが湧いて、頭から消すことができないくらいにならないと、人は動きません。それくらいでなければ、日常生活の忙しさに追われて、夢は夢のままで終わってしまうことになります。

一方、願望がはっきりしている人は、人に宣言します。
まわりの人に夢を語っていくうちに、「こんな人知ってる?」とか、「君がそれをやりたいんだったら、この人に会ってみたら」という形で声がかかるのです。

実際紹介してもらった会社に転職したり、あるいは、実現するために必要な知恵を教えてもらえたりするようになります。

「夢は店を出すことなんです」と行きつけの寿司屋で隣の人に語ったら、「じゃあ、やってみなさい」と言われて、1000万円の開業資金を出してもらった人もいます。

そうやって、本当にワクワクして、それをやりたいんだと言っていると、協力してくれる人たちが出てくるのです。

いつも、「お金がない」「時間がない」「才能がない」と思っている人は、残念ながら、その夢を一生実現できないでしょう。

しかし、「お金がない」「時間がない」「才能がない」という「ない、ない」づくしでも、好きなことをやりたいと思っている人は、自分に足りないものを持っている人を引き寄せればいいのです。

世の中には、「お金を出したい」「才能を出したい」「時間を出したい」「肉体労働でも出したい」と心から思っている人がいます。

あなたが想像する以上に、人の夢を実現させたいと考えている人、喜んで協力してくれる人はたくさんいます。

頑張らなくても、夢が実現するとき

世の中には、夢を次々と叶える人もいれば、やりたいことが全然できない人もいます。それは、なぜなのか、ずっと考えてきました。

本当の夢が叶うときは、すべてが一瞬で集まるということが起こります。

お金、チャンス、人、情報があっという間に、その人の元へ四方八方から集まってくるのです。まるで、磁石がまわりの鉄を吸い寄せるかのようです。

その中核にあるのが、思考です。あなたのイメージしたものが引き寄せられるメカニズムが、目に見えない世界には存在していると私は考えます。

あくまでも仮説ですが、脳は、発信機と受信機の機能を併せ持っていると思います。まだ、科学では解明できていませんが、たとえば、心が通じ合った夫婦や親友の間には言葉がいらないといったことは、誰でも体験しているでしょう。

私が1000人規模の講演会をやるとき、アンケートをとるようにして聞くことがあります。その一つは、直感やテレパシーについてです。

「電話やメールが来る前に、それを直感的にわかっていた、予知したことがある」という人は、90％以上いる感じがします。家族が事故に遭ったり、亡くなったときに、それを感じた人もたくさんいます。あなたも多かれ少なかれ、体験しているのではないでしょうか。

仕組みはわかりませんが、私たちには、距離を超えてコミュニケーションがとれる通信機能があるのではないかと思うのです。だから、ある思いを強く持っていると、自然とまわりにそれが知れ渡り、反応してくれるといったことが起きるのではないでしょうか。

たとえば、友人でアメリカに留学した人がいます。彼は、お金がなかったので、海外留学なんて夢のまた夢とあきらめていました。しかし、その夢をまわりのあらゆる人に言い回っていました。そしてあるとき、知り合いの知り合いから、ある奨学金の存在を教えてもらって、無事に夢の留学を果たしたのです。

一見すると、彼がまわりに言い回っていたので、その情報がやってきたと見えますが、彼の明確な意図が、それを可能にさせたと私は考えています。

あなたには、これまで自分のイメージどおりに事が進んだ体験がありますか？

もしあったとしたら、あなたは、この機能を意識して使ったことになります。

あなたの本当の夢を達成する「シンクロディスティニー」とは？

仮説ついでに、最近私が考えていることについてお話ししましょう。

私は、「運」というテーマに興味を持ってから、30年以上さまざまな人の人生を観察してきました。運のいい人、悪い人がいるという事実は、多くの人が感じていることだと思います。私は、それはなぜなのか、宿命と運命はどう違うのか、運命を変えることはできるのかといったことをテーマにして追いかけてきました。

私たちの人生は、ちょっとしたことがきっかけで大きく変わるものですが、それは、果たして、運命だったのか、それとも偶然だったのか……。

シンクロニシティーとは、不思議な偶然という意味ですが、私のこれまでの体験では、そこに運命的なものを感じることがよくあります。

私は、各業界で活躍している人と対談する機会があるのですが、皆さん自分の過去を振り返って、「あれは、運命としかいいようがないよ」と熱く語ることがよくあります。

でもそれは、単なる運命というよりも、自ら求めて人生を変えていったようにも、私には見えます。私は、これを、「シンクロニシティー」（不思議な偶然）と「ディスティニー」（運命）をかけ合わせて、「シンクロディスティニー」と呼んでいます。

夢を次々に叶える人は、自分でこのシンクロディスティニーをつくり出しているのではないかと思います。シンクロディスティニーを自分で引き起こす力は、誰にでも備わっていると思いますが、それにほとんどの人が気づいていないだけなのではないか、そう最近は感じています。

このあたりのことは、まだ世間的な常識では理解されないので、タイミングがきたら世に出したいと思います。大好きなことをやって生きようと考える人には、ぜひ考えていただきたいテーマです。

夢は、その人のハートに、もともとインストールされている

これもあくまでも私の仮説ですが、その人の夢は、ハートの中にもともとインストールされているのではないかと思います。そして、しかるべきタイミングでその夢が目の前をチラチラするようになるのではないかと思っています。

気づいてもらえるまで、その夢は、その人の周辺をうろうろすることになります。

それがその人につきまといます。イメージだったり、声だったり、あなたが寝ている間に夢の中に出てくるのです。そうやって、あなたにメッセージを投げかけてきます。

感性が鋭いと、あるとき、気づきます。

「そうか。自分が本当にやるのはこういうことなんだな」

そう気づく人と、事故や病気、リストラに遭って初めて、そのことに気づく人がいます。個性のようなものですが、楽しくやるか、苦しくやるかの違いだと思

えばいいのではないでしょうか。

私はこれまで、自分の夢を叶えた人たちを何百人もインタビューしてきましたが、「自分の進む方向性をなんとなく知っていた」という人がたくさんいました。

あまりスピリチュアルな話をすると、抵抗を感じる人もいるかもしれませんが、そう語る人が多いという事実は、あなたに知ってもらいたいと思います。

夢が実現するのは、どんなときか？

①本人がワクワクしているとき

その人が心からワクワクして取り組むとき、夢は叶います。

何かを成し遂げようと思っても、最初はなかなかうまくいきません。お金やノウハウ、人脈が足りなくて、そう簡単にはいろんなことがうまくいきません。

しかし、本人がワクワクしていると、障害を障害と感じなくなります。そうして一つずつ片付けていくうちに、スッといろんなことがスムーズにいくようになります。

②たくさんの人が巻き込まれるとき

あなただけでなく、たくさんの人がその夢に巻き込まれるとき、夢は実現します。たくさんの人がそれを実現したいと思ってくれるかどうかです。

自分だけでなく、まわりの人たちにとってもワクワクするような夢なら、実現度は一気にアップします。

あなたがワクワクして夢の実現に取りかかっていると、その過程で多くの人と知り合いになります。彼らがあなたの一生懸命な姿に感動してくれるようになると、応援団ができてきます。

③多くの人の役に立つとき

あなたの夢が大きな家に住みたいというものなら、誰も応援してくれないでしょう。

それは、あなただけの個人の夢だからです。

決してそれが悪いわけではありませんが、あなたが得するだけだと、他の人は協力したいと思わないのです。

しかし、それが幼児虐待によって大変な状況にある子どもたちのシェルターハウスをつくりたいというのなら、賛同してくれる人も出てくるはずです。

同じ大きな家が欲しいという夢でも、自分のためだけなのか、人の役にも立つのかでは全然違うのです。

④不思議な偶然が立て続けに起きるとき

夢が実現するとき、不思議な偶然がウソのように連続で起きます。

たとえば、出資をしてもらおうと思ってお願いに行ったら、それが自分の父親の元部下だったなどという話です。

あなたのお父さんが人望の厚い人で、その人が若い頃にすごくお世話になった恩人だということがわかったとしましょう。

また、ホームページをつくる依頼をしようと思ったら、偶然その会社のナンバー2が大学のサークルの先輩だったりします。そうなったら、投資はもらったようなものだし、格安でホームページをつくってもらえたりするでしょう。

ワクワクすることは、ナビゲーションシステム

大好きなことをやるとき、そこにはワクワクがあります。そして、そのワクワクを追いかけることが、人生のドラマを生み出します。

人のハートには、最高の人生を生きるためのナビゲーションシステムが生まれたときからインストールされていると、私は考えています。

自分が何をどうやればいいのか、知っているのです。

それは、ごく小さい頃には、自然と使っています。

朝から晩まで物をつくっては壊している人は、大きくなったらエンジニアになったり、設計士になったりします。

それが小学校、中学校と年齢が上がっていくにつれ、だんだん自分のやりたいことを忘れていきます。

なぜなら、ワクワクすることや楽しいことよりも、宿題や嫌いな勉強をやらなければならなくなるからです。

そのうちに、感情が麻痺していきます。楽しいとか、うれしい、苦しいというのが感じられなくなってしまうのです。

20歳になった頃には、もうすっかり自分のやりたいことなんて忘れています。そして、就職活動をやる頃になって、慌てて本当にやりたいことについて考えるようになります。

しかし、その頃には昔の記憶は薄れていて、大好きなことや得意なことなんて、すっかり忘れてしまっているのです。

でも実は、あなたの心はまだそれを覚えています。それをワクワクという信号に変換して送ってきています。

ナビゲーションシステムは、すべてを事前に教えてくれない

ライフワークを生きようと思うと、不安になる人が多いようです。

「このままでは難しいかな」とか、「お金がなくなったらどうしよう」と不安を

感じてしまうのです。だから、つい保証を求めたくなります。

「このまま行って、大丈夫なの？」という不安を打ち消すためです。

しかし、ちょっと進んでは「大丈夫かな」と立ち止まっていては、目的地に着けません。

途中で間違ってでも、とにかく前に進んでいると、道は見えてきたりするものです。

カーナビをイメージしてください。

たいていの音声ガイドは、交差点の30メートルぐらい手前に来たところで、次をどちらに曲がればいいかを教えてくれます。道の先の交差点三つ分まとめてどちらに曲がるか教えてくれはしません。

「次の交差点は、右に曲がります。ちなみに、その次は左、500メートル行ったら赤いビルを右。そして、今度はコンビニの交差点を左です」

そんなことを今曲がろうとしている交差点の直前で言われたら、一番大事な次の交差点を右に行くのか、左に行くのか、わからなくなってしまいます。

あなたに必要なのは、次の交差点を右に行くのか、左に行くのか、その情報だけです。

また、これから20キロ先の目標地点に行くのに、次の交差点を右に行っても、左に行っても実はあまり大差ないのです。

たしかに、右に行くか、左に行くかで、景色がちょっと違ったりするかもしれません。しかし、長い道のりを行く過程で、どちらでも楽しもうという気持ちにさえなれば、あまり変わらないかもしれません。

最悪なのは、どちらがいいか判断ができないからという理由で、出発をあきらめることです。走り続けたらなんとかなるのに、車庫から出なければ、何も始まりません。

先行きどうなるか、不安になったとき、このことを思い出してください。

第5章

お金と大好きなことを両立させる生き方

趣味の域を超えるか、どうか

ここまで読んできて、あなたは、「大好きなことをもっとやってみたいなぁ」という気分になってきたかもしれません。

ここからが、人生の分かれ目になります。

好きなことをやってみようと思って、「ギターを取り出す」「昔集めていた切手を眺める」「山登りに挑戦する」。そんなことをやって、自分のワクワクを取り戻そうとする人はたくさんいます。

しかし……、その後が続かないのです。

私もプールに行ったり、コンサートに行ったり、思いつくかぎり、楽しいと思えそうなことをいろいろやってみました。

でも、そういった活動は、趣味の楽しさはあっても、心からの躍動感や経済的に安定した生活を約束してくれるわけではありません。私も一時の熱は冷めてしまい、しばらくすると、元に戻ってしまいました。

カルチャースクールに行ってみたり、専門学校のパンフレットをもらってきて、さあやるぞと思ってみても、趣味の域から超えることなく終えてしまい、結局、多くの人が浮かれた夢から覚め、元の仕事に戻っていくのが現実です。

でも、もしあなたが本当に大好きなことを仕事にして、それで生活していこうと思うなら、違う角度で向かっていく必要があります。

この章では、大好きなことをやりながら、お金にも恵まれる方法についてお話ししていきます。

大好きなことをやっているのに、お金がついてこない人の特徴

「大好きなこととお金の両方を手に入れる」前に、逆の例を先に見ていきましょう。

なぜ、「大好きなことをやっているのに、お金がついてこないのか」という例です。

もうすでに自分の好きなことをやっているのに、結果が出ない、お金に困っているという人は、これではっきりその理由がわかるのではないかと思います。

①受け取り下手

大好きなことをやっているのに、お金がついてこない人の特徴は、ひと言で言うと、ずばり「受け取り下手」です。お金を払うと言ってくれているのに、「いらないよ」と言ってしまうような人です。あなたにも、心当たりはありませんか？

彼らは、せっかくチャンスがやってきても、「自分はいいや」と言って受け取らないのです。こういうタイプは、セルフイメージが低すぎて、受け取れません。「受け取ることが、与えることにつながる」という豊かさのサイクルに気づけば、これまでの経済状態がウソのようにうまくいきます。

②ひとりよがり

自分は「これがいい！」と思っているので、それ以外のことが見えなくなるようなタイプです。

「この味付けだ」「この曲の感じ」「こういうサービスを欲しがっているに違いない」といったん思い込んだら、他の可能性が見えなくなってしまうのです。

こういうタイプの人は、ライフワークは、常に双方向のものだということを理解していません。あなたの大好きなことを受け取る人がいて初めて、このサイクルが成り立つのです。

しかし、このタイプは、お客さんやマーケットの声を聞くのは妥協だと確信しています。そして、いずれ「俺のすごさを世界が理解する」日がやってくると本気で思っているのです。それは、たいていの場合、幻想であることに直面できるかどうかです。

③プレゼンができていない

自分のサービスや商品を上手に説明できていない人たちも、お金がついてきません。

なかなかいいクオリティの仕事をやっているのに、今ひとつ何をやっているのかが伝わってこないのです。

どんなこともそうですが、上手に伝わらなければ広がりません。お店やサービスの存在が知られなければ、お客さんが来ようがありません。

自分は何をやっているのか、1分で話せるように工夫したり、ホームページや名刺などにも気を配りましょう。

④料金設定の失敗

料金設定が低すぎると、経済的な豊かさは手に入りません。

お金がまわらない人の多くが、値段設定に失敗しています。「お客さんが来ないのは値段が高いせいだ」と勘違いして安くする人がいますが、逆効果なこともあります。値段が高いのが問題ではなく、その値段を高いと感じるお客さんを引き寄せている「あなたの豊かさ意識」が問題なのです。

あなたが提供する商品やサービスを「こんなのをずっと探していたんです！」とワクワクして話す人が、あなたが引き寄せるべきお客さんです。そういう人は、値段が高いことをあまり気にしません。

⑤自分の売りがない

「これが、自分の売りだ！」というのがはっきりしていない人も、お金がついてきません。どこにでもあるクリーニング屋、ラーメン店などは、普通のお客さんしか惹き付けることができません。

あなたが税理士、コーチ、カウンセラー、設計士などのサービス業に携わっているとしたら、同じ職業の別の人と比べられている可能性が大です。

税理士や設計士、コーチを探すとき、たいていは数人の候補の中から選んでいます。そのとき、あからさまに聞かないかもしれませんが、「この人って、何が売りなの？」とお客さんは感じているでしょう。それをひと言で言えなければ、あなたは並のサービスしか提供していないことになります。そういうお店や個人は、その職業の平均給料以上を稼ぐことは難しいでしょう。

⑥集客（セールス）が下手

せっかくお店や自営業をやっても、セールスや集客が下手だと、うまくお金がまわりません。

集客が苦手な人にはいくつかのタイプがあります。お金を受け取ることに抵抗があるタイプもいれば、自分のことを宣伝するのが苦手な人もいます。物を売りつけるようなことをしたくない人もいれば、下手に出るのがイヤという人もいます。

いずれにしても、お客さんがたくさん集まってこないと、お金が十分に流れません。自営業で成功している人は、列ができている人です。面談の約束を取り付けようと思っても、明日すぐに会える人か、半年待たないと会えない人かでは、その価値は変わってきます。

あなたがお金に恵まれたければ、この列をどれだけ長くつくるかです。

⑦自信がない

あなたが大好きなことをやっているのに、十分にお金がまわっていないと感じるなら、それは、自信がないせいかもしれません。自信がなければ、強く薦めることもできないし、値段も高い設定にできない。それも、すべて自分が提供するものやサービスに自信がないからです。

あなたが歯医者、外科医、弁護士、税理士などを選ぶとき、その人の経歴もそうですが、雰囲気を見るのではないでしょうか。オドオドしていたり、頼りなさそうだと、やっぱりこの人じゃないかもと思ってしまいます。

健全な自信は必要ですが、過度な自信はかえってマイナスです。傲慢なレベルにまでにいってしまうと、逆にお客さんは引いてしまうからです。

才能をお金に変えていく7つのステージ

世の中には、大好きなことをやって、しかも経済的にも成功している人は、少数派ですが存在しています。

私は、彼らの存在に気がついて、20年以上前から研究対象にしてきました。その過程で彼らに共通している法則を発見し、すごくワクワクしました。そして同時に、自分の人生にも、この法則を当てはめてみたのです。

もちろん簡単にはいきませんでしたが、最初に覚悟したほど難しくなかった印象があります。

なぜなら、一度弾みがつくと、あとは自動で物事が進むからです。このあたりの感覚を伝えるのは難しいのですが、体験した人は、一様にそう思うと賛成してくれます。

どういうステージを経て、彼らは成功するのか、お話ししていきましょう。

①才能発見ステージ

自分が何をやりたいのかが、おぼろげながらわかるステージです。

このときは、まだ自分の才能が何かわかりません。なんとなくこっち方面かなというぼんやりしたことが多いのです。

だから、悟りのように、「私の才能は、これだ！」とわからなくても、スタートできるということを覚えておいてください。

今成功している人のほとんどが、最初は方向性もぼんやりしていたと言います。

「とにかくスタートを切る！」のが大事なのです。

②才能開発ステージ

この段階では、自分の才能らしきものを大事に育てるステージです。

たいていの人は、この段階で才能の芽を自分で摘み取ってしまいます。「どうせ、こんなことで生活できるわけでもないし……」と、トライする前からあきらめてしまうのです。

この段階で仕事を辞める人は少数です。普通の仕事が終わってから試したり、週末にやってみたりすればいいのです。

無料で友達に試してみるのもいいでしょう。

③修行ステージ

自分が発見した才能をベースに、人生を組み立て直すステージです。

このステージでは、どこかの組織に属するか、メンターに弟子入りすることになります。その組織やメンターが一流だと、あなたも一流の道に進むことができます。

そうでない場合は、それなりの結果しか得られなくなります。どこで修行するかはとても大事になってくると思います。

④独立ステージ

この段階まで来ると、いよいよ自分の足で立つことになります。組織の中で活躍する人も、自分の名前で仕事をするようになります。そして、独立する人は、この段階で組織から出ることになります。人によっては数年苦労するかもしれません。

⑤独自性を発揮するステージ

この段階に来ると、独立して自分なりのポジションを築き上げようとして頑張っているところです。

ラーメン屋さんだと、独自のタレを考案したり、一風変わったサービスをつくり出す段階です。ここをうまくクリアできるかどうかで、本物になれるかどうかが決まります。

⑥ブランドを築いて活躍するステージ

この段階まで来ると、業界でも注目されるようになります。

お店であれば、行列ができたり、雑誌やテレビでたえず紹介されるような有名店になります。会計事務所や設計事務所といった堅い仕事の場合は、クライアントが列をなします。占星術師なら、予約が1年待ちといった状態になります。

⑦業界のトップとして、リードするステージ

ブランドを築いて活躍して数年から10年以上になると、あなたもその業界では第一人者となります。その職業で最も有名なトップ10ぐらいになると、業界に対する責任ができてきます。

その業界の団体の理事になったり、業界全体を盛り上げるような仕事をすることになります。たえず自分の仕事もバージョンアップさせ、ワンアンドオンリーの世界をつくり上げ、後進を育成することに情熱を注ぐようになります。

ざっと見てきましたが、イメージが湧いたでしょうか？

あなたは、どの段階で将来仕事をしたいでしょうか。

ライフワークをきわめていく楽しみは、生活の心配をしなくてもすむことです。

また、毎日を充実感とともに過ごすことができます。

どのレベルで人生を生きるかを決める

大好きなことで成功している人の多くは、どこかで修業をしています。

たとえば、一流の料理人は、若い頃に名店で何年も修業しています。

同じように、自分の大好きなことのレベルを高めるためには、どこかでその技術を身に付けなければいけません。それが、料理か、ビジネスか、政治かにかかわらず同じです。

三流のところで修業すると、あなたは三流にしかなれません。

少ししか修業せずにラーメン屋を開店した人は、何年経っても、まずいラーメンを出し続けます。お客さんが来なくても、味が問題だと思っていないし、誰も教えてくれないので、急においしいラーメンをつくれるようにはなりません。

手間暇がかかる料理よりも、いかに手を抜いたり、コストを削減するかを考えます。何か問題があっても、自分で修正したり、成長する回路がないのです。

一流店で修業した人は、ずっと自分の料理を洗練させようと、日々精進するものです。お店が終わった後も、新しい料理の研究をします。自分の修業のために、休みの日も名店めぐりをしたりするでしょう。

あなたが将来どのレベルの仕事をするかは、その修業先で決まります。

だから、どこでライフワークのスキルを身に付けるのかは、とても重要になります。

厳しい場所で修業すると、殺伐とした感じで仕事をすることになるかもしれません。和気あいあいとした職場で学ぶと、楽しい一方、仕事の厳しさは身に付かないかもしれません。

あなたの修業先で学んだ技術の高さが、その後のライフワークの質を決めます。

たとえば、京都の名店で10年修業した人は、すべての基礎ができています。素材の選び方、調理の仕方、掃除、接客、店の宣伝方法など、マニュアルにしたら、おそらく何千という項目があるはずです。

中途半端なお店で修業すると、大事なことのほとんどが学べないままになります。そして、仕入れ、料理、味付け、接客、すべてがいい加減になるのです。

これでは、そこそこのお店にしかなりません。

大好きなことをやって生きようと思ったら、あなたは、一流、二流、三流のどこで生きるのかを決めなければいけません。

三流の人たちは、何も考えずに仕事をやっている人です。普通のラーメン屋、クリーニング屋、会計事務所、設計事務所をやっていたら、生活する程度のお金しか入ってきません。お客さんもごく普通の人たちでしょう。

二流だと、結構頑張っている人です。自分の仕事を改善したりすることはやりますが、とことんやるほど、本気ではありません。

一流の人には、あくなき探究心があります。一流になってやろうというのではなく、その分野を極めたいという情熱が抑えきれないという感じです。

料理人なら、新しい調理法を確立したり、医者なら、画期的な手術の方法を編み出したりします。法律家であれば、新しい判例をつくる、政治家なら、新しい法案を作成する、研究者なら、世界的な発見をするでしょう。

彼らは、有名になりたいというよりも、その世界でどこまでできるか、好奇心と使命感で突き動かされているのです。

患者さんを助けたい、法律で見過ごされた人をサポートしたい、おいしい料理でびっくりさせたいという気持ちです。

三流の人は努力をほとんどせず、二流の人は生活のために頑張り、一流の人は人のために情熱的になります。

回り道ほど、ライフワークの成功度合いが高くなる

大好きなことをやりたいと考えると、すぐにそれを今からやろうとする人がいます。

しかし、いきなりその仕事についても、たいていの場合はうまくいきません。それは、いろんな体験が必要だったりするからです。ちょっと遠回りになったほうが、いい仕事ができるケースも多いのです。

たとえば、あなたが作家になりたいとしたら、学校を卒業していきなり作家になるよりも、どこかで勤めたり、旅に出たほうが、よほどその後成功しやすくなります。

たとえば、新聞社や週刊誌の編集部で取材や文章の基礎を叩き込まれることで、作家としてのスキルが身に付きます。

また、一般の会社で営業、企画、広告といったビジネスや人間関係のドロドロしたものを体験していると、ネタに困らなくてすみます。学生作家で賞を獲った人が、その後いい作品が書けずに消えてしまったりするのは、人生のストックがなかったからだといえるでしょう。

回り道には、いろんな効果があります。

たとえば、その過程で知り合う人です。うまく人の縁を生かすことができれば、あなたがその後やることになるライフワークで、助けてくれることになります。前の仕事で得るノウハウやスキルも、あなたを助けてくれることにつながります。

たとえば、生命保険の営業をやってから、洋服のお店をやることになったとしましょう。営業をやっていたときにはイヤイヤやっていたことが、お店を経営するためにすごく役立つことに気づいたりするのです。

たとえば、DMを出すことやお客さんにさりげなく電話してみることなど、できることはいっぱいあります。営業時代になんとなくニュースレターを書いていたのが、お店のニュースレターを出すことにつながったりします。

大好きなことが見つかっても、すぐにそこに飛び込まず、今の場所でできることをやってからでも遅くありません。

回り道をするのが経済的にもいい理由は、その途中でスキルや新しいものの見方を身につけることができるからです。その当時は、まったく意味のないことだと思っていても、必ず後で役に立つのです。

アップルの創業者スティーブ・ジョブズは、大学を中退したとき、暇だったので英語の文字デザインの講座を取ったことがあったそうです。そのときの体験が、後に開発することになるコンピューターの美しいフォントへのこだわりになりました。当時、文字は読めればいいぐらいにしか考えなかった業界で、きれいなフォントにして出力するなんていう発想はなかったのです。それが、アップルコンピューターが熱狂的なファンを生むきっかけになりました。

回り道で身につけたスキルや視点は、あなたに蓄積されていきます。そして、それが、あなた独自のライフワークとして進化したとき、あなたをとってもユニークで魅力的な人間にするでしょう。

大好きなことをやっていると、お金はあとからついてくるのか?

私の大好きな本に、アメリカ人のマーシャ・シネターが書いた『Do what you love, The money will follow』（好きなことをやりなさい。お金はあとからついてくる）という本があります。この本には、いろんなノウハウがいっぱい詰まっています。

多くの読者が、大好きなことをやるとお金はついてくるというコンセプトに飛びつきたくなるのはわかります。

大好きなことをやっているのに、何度も何度も後ろを振り返りながら、「おかしいなぁ。お金がついてきていないなぁ」と思っている人も多いでしょう。

実際のところ、大好きなことをやれば、お金はついてくるのでしょうか？

残念ながら、すぐにはついてこないのが現実です。中にはついてくる人もいますが、大多数の人にはついてきません。

それは、なぜなのでしょうか？

お金をもらう仕組みや受け皿が用意されていないからです。

いくら好きなことをやっても、まわりの人に応援してもらったり、口コミの紹介が続いたりということがなければ、たいしてお金になりません。

大好きなことをやって、お金に追いかけられるために必要なこと

①応援される仕組みづくり

あなたがやっていることを応援してくれる仕組みが大事です。

普通の人は、応援してくれる人の数が、おそらく数人から多くても10人程度でしょう。

独立して成功するためには、少なくとも１００人単位の応援団がいります。ブログで紹介してくれたり、実際にお客さんを紹介してくれたりするのです。

②ブランディング

あなたがやっていることを有名にしていく必要があります。

といっても、テレビに出たり、コマーシャルを流したりして、全国的に有名にならなくてもかまいません。あなたの町や地域で知られるレベルで十分です。クリーニング屋さんの中では、染み抜きで有名だという形でいいのです。

③マーケティング

ブランディングと同じように、マーケティングの知識も大事です。

あなたがやっていることを知られなければ、お客さんになりようがありません。

自分のサービスを知ってもらうためには、マーケティング活動をやる必要があ

大好きなことでお金持ちになるメカニズム

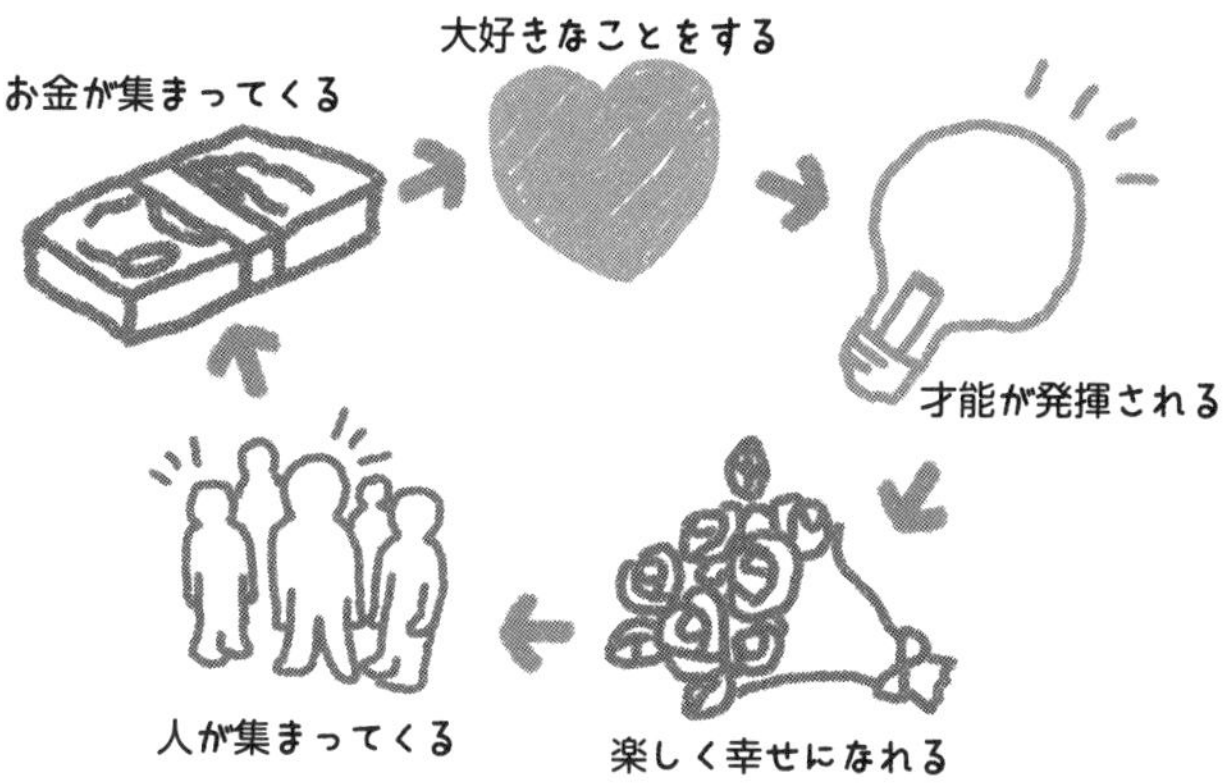
大好きなことをする
才能が発揮される
楽しく幸せになれる
人が集まってくる
お金が集まってくる

ります。今は、フェイスブック、ツイッター、ブログなど、ほとんど無料でできるツールができたおかげで、ずいぶんとやりやすくなりました。

でも、おもしろい切り口で伝えなければ、その他大勢に埋もれてしまいます。ちょっと前にホームページが珍しかった時代には、自分のページさえつくれば、世界中に知られるような興奮を覚えた人がたくさんいました。

しかし、ページをつくっても、実際にそれを見る人がいなければ、電話帳に自分の電話を載せることと同じで、たまにやってくるメールはいたずらメールしかありません。

自分の売りが何かを明確に意識しなければ、それが広まっていくことはありません。

モチベーションとインスピレーション

モチベーションは、「動機付け」と訳されます。

ビジネスや教育の現場では、モチベーションが大事だと考えられていますが、果たして必要なのでしょうか?

モチベーションには、どうしても無理してしまうという要素がある気がします。

個人的には、動機付けが必要なことは、あまりやらないほうがいいと感じています。本当はあまりやりたくないことを無理してやると思うからです。

モチベーションをアップしても、それはぜんまいを巻くようなもので、ある程度の時間が経つと、やる気もダウンしてきます。それは、モチベーションが外からの刺激だからです。

インスピレーションは、もっと深いレベルから出てきます。

その人の心の一番深いところから出てくるものです。外からの刺激ではなく、内側から出てくる泉のようなもので、それは枯れることがありません。

大好きなことを仕事にしている人がもらっている5つの報酬

大好きなことをしている人には、たくさんの報酬が与えられます。普通、仕事をやるときには、お給料がいくらか、休みがどれだけあるかなどの待遇面を考えがちですが、すばらしい仕事をやっていると、それ以外にもたくさんの報酬がついてきます。

ここでは、大好きなことを仕事にしている人たちがもらっている報酬について、お話ししてみましょう。

①感情的な喜び

まず、「それをやって楽しい」というのが、大好きなことを仕事にしている人の最初の喜びでしょう。

「料理をつくる」「歌を歌う」「文章を書く」、それがすべて楽しみになります。

お金が目的で仕事をしている人には、想像できないかもしれません。仕事が楽しくなかったとしたら、1日が苦しいものになります。なぜなら、仕事は1日の大半を費やす活動だからです。

②人間的つながり

仕事をしていて、人とのつながりを感じることができれば、幸せ感を持てます。仕事を辞める理由のトップは、人間関係です。逆に言うと、人間関係さえよければ、報酬や仕事内容に多少不満があっても、人は辞めたがらないものです。仕事での人間関係を心から楽しむことができたら、ストレスはほとんどなくなります。質を高めようという苦労はあるかもしれませんが、イヤな思いはしなくてすみます。

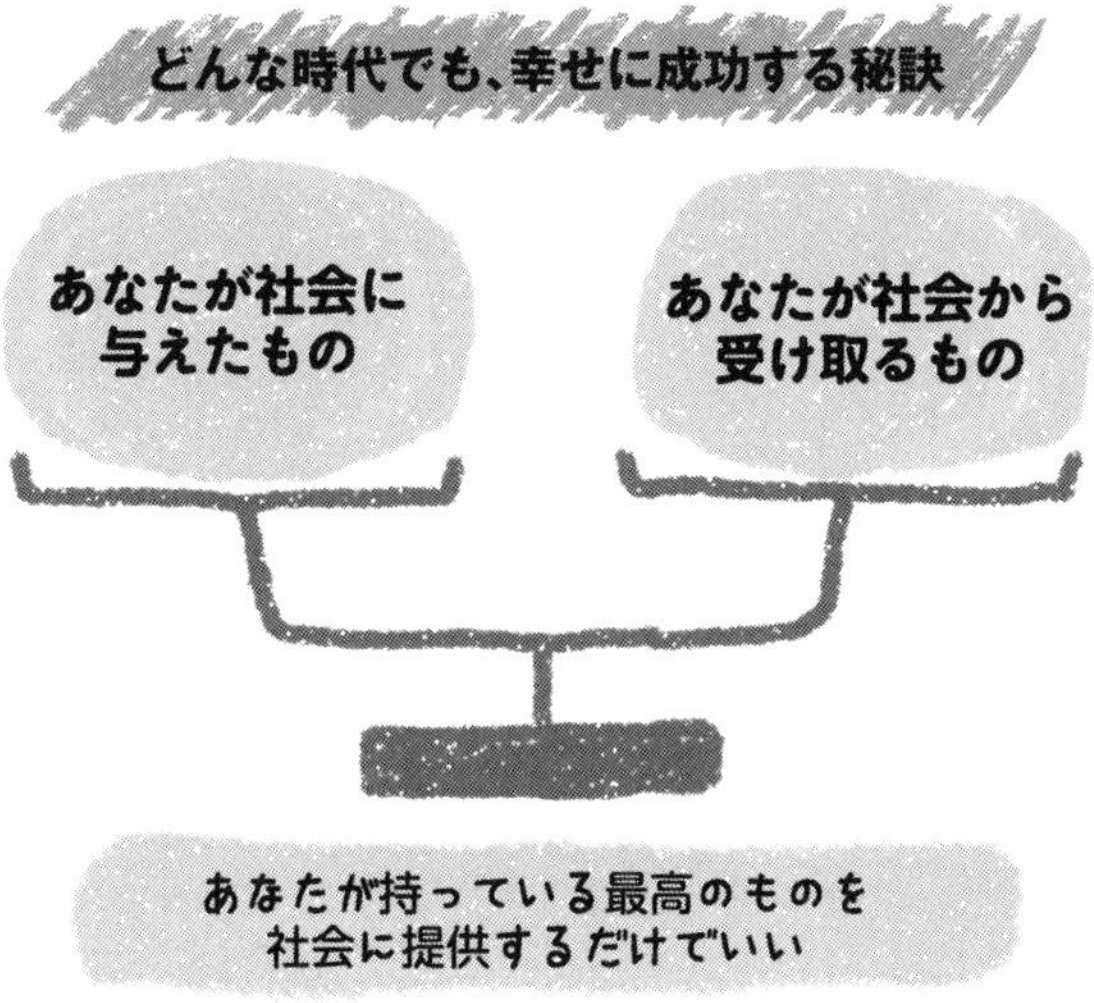

③スキル向上の楽しさ

　仕事の喜びの一つに、自分がやっていることが上手にできるようになるというものがあります。「パンが上手に焼ける」「プレゼン資料がうまくつくれるようになる」「人前で話すのがうまくなる」などといったことです。

　自分にしかわからないようなちょっとしたことも、上達できれば、とても楽しいものです。お金をもらって上達するのですから、申し訳ないとも思うほどです。

④誰かの役に立つ喜び

仕事にかぎらず、人生で一番うれしいのは、「誰かに喜ばれたとき」ではないでしょうか。

人に感謝されたとき、なんとも言えない幸せ感を感じることができます。これが、仕事の報酬の中でも一番大きいものではないでしょうか。

⑤経済的報酬

経済的な報酬を一番最後にしたのは、理由があります。それは、これまでに挙げた喜びのおまけでついてくるようなものだからです。

気がついたら、感謝とともに報酬をもらっていたというのが、仕事と幸せなかかわり方です。

自分のお客さんに誠心誠意尽くすことに意識を向けることが先で、報酬をもらうのがあとになるぐらいの感覚です。報酬さえもらえたら、あとはどうでもいいという人は、一度仕事をすることができても、リピートすることはできません。

あなたは、これまでに挙げた報酬のうち、どれくらいの報酬を受け取っているでしょうか。

もし、あなたの受け取るものがお金だけだったとしたなら、他の報酬をもらい損ねたことになります。もったいないと思いませんか？

とにかく、好きなことをやってみよう！

いよいよ本書も終わりに近づきました。

これまで、大好きなことをいろんな角度から見てきましたが、ページ数の関係もあって、とても一冊ではすべてをお伝えすることはできませんでした。これから、何冊かにわたって、「自分の才能をどう見つけるか」「天才性について」「才能をお金に換える方法」をシリーズでお伝えできたらと思います。この本はその総論としてとらえていただけたら幸いです。

今のあなたは、いろんなことを考え始めたと思います。「好きなことって何だろう？」と考え始めた人もいれば、「大好きなことは、やっぱり趣味にしてお こう」と感じたかもしれません。あるいは、「絶対に、自分の大好きなことをやって生きるぞ！」と心に決めた人もいるでしょう。

いずれにせよ、今までよりも、少しだけでいいので、好きなことに使う時間を増やしてみてください。

なぜなら、それがあなたの人生を楽しく、おもしろくするからです。

あなたが日常的にワクワクしてくると、いろんなことが変わり始めます。ふだんの気分も明るくなってくるし、自然と自分や世界のことが好きになるでしょう。

今から、好きなことを3つやってみましょう。それをスタートとして、一生大好きなことをやり続けてください。

そして、これからのあなたの人生が、これまで以上にすてきなものになりますように。

おわりに

本書を最後まで読んでくださって、ありがとうございます。数ある本の中から選んでくださったばかりか、最後まで読んでいただけたことは、著者として大変光栄ですし、うれしいことです。心から感謝申し上げます。

今、あなたは、何を感じていますか？
ワクワクしていますか？　それとも、なんとなく落ち込んでいますか？
ひょっとしたら、無価値感を感じているかもしれません。
すぐに行動してみようと思ったでしょうか？

それとも、自分には無理だと思ったり、絵空事で現実的でないと感じたでしょうか。
あなたの本当にやりたいことがなんとなく見えてきたでしょうか。
それとも、混乱して、何をどう考えていいかわからなくなったでしょうか。

いずれにしても、あなたの人生は動き出していると思います。あなたが今受け取った情報は、あなたの深いところで「幸せウイルス」として活動を始めました。今、その動きを封じ込めても、いずれ、どか～んと思わぬ形で出てくるでしょう。それは、「自分らしく生きたい！」というのが、人間の根源的な欲求だからです。

ひと昔前なら、自由というのは、命がけで得るものだったのです。今はそこまで感じないかもしれませんが、命をかけてもいいぐらいすばらしいものであることには変わりありません。
あなたが自分らしく生きたいと思ったとしたら、それをいつから始めるのか、考えてみてください。

あなたが望めば、それは、今この瞬間から始まります。血判を押すような決意はいりません。ちらっと、「自分が好きなことをやったら、どうなるのかな?」と一瞬想像してみるだけでいいのです。それが、最初のドミノを倒すことになります。小さいドミノでも、それがどんどん倒れていくと、やがて目に見えて人生が変化していきます。

私が「大好きなことをやって生きる人生」を始めてみてから25年以上経ちます。そのうち、最初の5年は試行錯誤の時期、その後5年ではだいぶ方向性が定まりました。そして、次の5年で自分が誰かがはっきりわかり、今に至っています。どんな人もすぐに変わることはできませんが、時間をかければ、誰でも変われます。今始めなければ、5年後もあなたは同じ人生を生きていることでしょう。

人生には2種類の生き方しかありません。
大好きなことをやるか、それ以外です。
今回の人生をなんとなく生きるもよし、使命に生きるもよし。家族のために自分を犠牲にするという生き方もあります。

それは、あなたが決めることです。でも、その選択ができるということを知らないでいたとしたら、それは悲劇です。

なぜなら、人生は、あなたが好きなように生きていいからです。

いずれの生き方を選ぶにしても、あなたがもうすぐこの世界から旅立つとき、「ああ、この人生でよかった」とにっこり笑えることを心からお祈りしています。

最後にもう一度言います。

あなたには、自由に生きる権利があります。そして、誰にも遠慮することはありません。あなたが考える最高の人生を生きてください。

本書を終えるにあたって、私が大好きなジョン・レノンの言葉を贈ります。

「好きに生きたらいいんだよ。だって、君の人生なんだから」

2016年2月　　本田　健

【著者プロフィール】

本田　健（ほんだ・けん）

神戸生まれ。経営コンサルタント、投資家を経て、29歳で育児セミリタイヤ生活に入る。4年の育児生活中に作家になるビジョンを得て、執筆活動をスタートする。「お金と幸せ」「ライフワーク」「ワクワクする生き方」をテーマにした1000人規模の講演会、セミナーを全国で開催。そのユーモアあふれるセミナーには、世界中から受講生が駆けつけている。大人気のインターネットラジオ「本田健の人生相談～Dear Ken～」は2000万ダウンロードを記録。世界的なベストセラー作家とジョイントセミナーを企画、八ヶ岳で研修センターを運営するなど、自分がワクワクすることをつねに追いかけている。2014年からは、世界を舞台に講演、英語での本の執筆をスタートさせている。
著書は、『ユダヤ人大富豪の教え』『20代にしておきたい17のこと』『きっと、よくなる！』『自分の才能の見つけ方』『ワクワクすることが人生にお金をつれてくる！』など、累計発行部数680万部を突破している。

本田 健 公式サイト　http://www.aiueoffice.com/

大好きなことをやって生きよう！ ポケット版

2016年2月15日　　初版発行

著　者　本田　健
発行者　太田　宏
発行所　フォレスト出版株式会社
〒162-0824 東京都新宿区揚場町2-18　白宝ビル5F
電話　03-5229-5750（営業）
　　　03-5229-5757（編集）
URL　http://www.forestpub.co.jp

印刷・製本　中央精版印刷株式会社

ISBN978-4-89451-702-8 Printed in Japan